조선정

연세대 영어영문학과를 졸업하고 서울대 영어영문학과에서 석사 학위를 받았다. 미국 텍사스 A&M 대학에서 박사 학위를 받았다. 서울여대를 거쳐 현재 서울대 영어영문학과에서 19세기 영국 소설과 여성 문학을 가르치고 있다. 여성 교육, 모성, 감정, 로맨스 등의 페미니즘 주제를 근대성의 맥락에서 분석하는 논문을 써 왔다. 저서로 『여성주의 고전을 읽다』(공저), 『페미니즘, 차이와 사이』(공저) 등이 있다.

제인 오스틴의
여성적 글쓰기

02 서울대 인문 강의

제인 오스틴의 여성적 글쓰기
『오만과 편견』 새롭게 읽기

조선정

민음사

일러두기

1. 이 책에 나오는 원서 제목 표기는 저자의 번역을 따랐다.
예) Sense and Sensibility → 분별과 감성
2 외래어 표기는 국립국어원 외래어 표기법 규정에 따랐다.

들어가는 말

　　나는 1997년 여름에 미국으로 유학을 떠났다. 그해 가을 학기에 대학원생들 사이에서는 한 케이블 채널에서 재방송하는 영국 BBC 드라마 「오만과 편견」을 테이프에 녹화하여 돌려 보는 것이 유행이었다. 동네 서점에 가면 드라마를 광고하는 포스터가 붙어 있었다. 영문학도들이 영화로 각색된 영문학의 고전에 관심을 가지는 게 자연스러운 일이긴 하지만, 그때 대학원생들과 많은 교수님들이 한동안 그 드라마를 화제로 삼는 모습은 막 미국 생활을 시작한 내게 여러모로 꽤 신선해 보였다.

　　특히 남자 주인공의 목욕 장면을 두고 열띤 논쟁이 있었다. 오스틴 소설 하면 떠오르는 점잖은 분위기를 전복하는 듯한 파격적인 각색과 연출에 대해 의견이 분분했다. 나비넥타이를 매고 다니셨던 원로 교수님은 그 장면에서 너무 놀라 소파에서 굴러 떨어졌다며 흥분하시기도 했다. 방송을 챙겨 보지 못하고 귀동냥으로 버티던 나는 11월 말 추수 감사절 연휴에 드라마 전편을 녹화했다고 자랑하던 동료 대학원생에게 비디오테이프 여섯 개를 모두 빌려「오만과 편견」을 몰아서 보았다. 그 문제의 목욕 장면을 보면서 나 역시 소파에서 굴러 떨어졌다. 그 교수님과는 정반대의 이유로 말이다.

드라마는 훌륭했다. 개성 강한 인물들이 빚어내는 여러 겹의 관계의 역학이 친근하고 생생하게 다가왔다. 상류층의 격식을 차린 예법 속에서도 순간순간 빛을 발하는 위트와 풍자가 선사하는 해방감이 있었다. 억압적인 상황에서도 웃을 일이 생기고, 기뻐해야 할 일에도 말 못 할 괴로움이 감추어져 있었다. 모두들 실수를 하지만 또 다른 기회가 주어지고 또 아무도 나락으로 떨어지지 않아서 좋았다.

부드러운 언덕과 신록으로 가득한 영국적인 풍광이나 때와 장소에 따라 달라지는 드레스를 구경하는 재미도 무시할 수 없었지만, 무엇보다 눈길을 사로잡은 것은 무도회 장면이었다. 꾸준하게 훈련하지 않으면 감당할 수 없을 것 같아 보이는 일련의 동작들로 이루어진 춤은 빈틈없이 짜인 군무였다. 우아하게 몸을 움직이고 스쳐 지나가고 만나기를 반복하는 가운데 적절하게 대화를 나누면서 상대방의 몸짓과 말과 마음을 읽어야 하는 일은, 예컨대 우리가 아는 사람의 소개로 카페에서 이성 친구를 만나는 일보다 훨씬 품이 많이 드는 사회적 노동으로 보였고 또 훨씬 에로틱하게도 느껴졌다.

물론 나는 이전에 『오만과 편견』을 비롯한 제인 오스틴의 소설 몇 권을 읽었고 내가 전공하던 19세기 영국 문학에서 오스틴 소설이 어떤 지위를 차지하는지 약간은 알고 있었다. 교육받은 중간 계층의 젊은 여주인공이 감정의 혼란과 인식의 오류를 경험하며 삶의 의미를 찾아 가는 과정을 추적하는 성장 소설, 근대적인 가족 제도의 핵심 고리인 재산 상속과 결혼 문제를 전면에 내세운 가정 소설, 잘못된 짝을 떠나고 올바른 짝을 찾아가도록 유도함으로써 연애의 기술을 가르치는 연애 소설, 시골 마을 중간 계층과 상류 계층 사이의 미묘한 계급 갈등을 조명하는 방식으로 당대의 변화하는 계급 지형을 포착해 낸 부르주아 소설, 소소한 일상의 미세한 디테일을 사실주의적이면서도 풍자적인 필치로 쌓아 올려 당대의 규범과 풍속 전반을 재현하는 풍속 소설, 그리고 여성의 고통과 애환, 우정과 연대를 성찰하는 여성 소설 등이 오스틴 소설 세계를 유용하게 정의하는 틀이었고, 이는 여전히 유효하다.

사실 유학을 떠나기 전까지만 해도 19세기 영국 소설에 매혹된 것은 오스틴의 후배 작가인 조지 엘리엇 덕분이었다. '조지'는 명백하게 남자 이름인데, 그녀는 메리 앤 에번스라는 이름을 버리고 이 필명을 썼다. 내게 조지 엘리엇은 여자로 차별받지 않고 남자로 대접받고 싶어 했던 빅토리아 시대 여성 지식인의 초상이었다. 조용한 삶을 살았던 오스틴과 다르게, 엘리엇은 일찌감치 런던으로 진출해 잡지 편집인을 맡는 등 화려한 지적 이력을 자랑한다. 그런 만큼 그녀의 소설 속 주제는 종교, 용서, 윤리, 역사, 진보, 개혁 등 거대 담론에 밀착되어 있었다. 엘리엇의 소설에 심취한 내게 계급과 상속과 재산과 결혼이 최우선으로 중요하게 다루어지는 오스틴의 소설은 얼마간 낯선 세계로 남아 있었다.

드라마 「오만과 편견」을 보면서 나는 이 세계가 얼마나 삶의 실감으로 가득 차 있으며 그래서 얼마나 재미있고 매력적인지를 새삼 깨닫기 시작했다. 다시 소설을 꺼내 읽어 보니 예전에 사소하거나 밋밋하게 여겨졌던 대목들이 의미심장하게 다가오면서 강렬한 해석적 호기심이 발동했다. 오스틴의 언어는 명성대로 명료하고 선명했지만 신비하게도 그 단단한 언어에서 나오는 의미는 결정적이지 않고 언제나 모순과 역설과 이면을 품고 있었다.

무도회와 수다와 연애로 이루어진 세계는 그 속살을 들여다보면 볼수록 다채롭고 풍부하고 또 무궁무진했다. 굳어진 사실로서의 상속과 결혼이 아니라 누구에게 무엇을 어떻게 상속하고 누구와 어떻게 결혼할지를 고민하는 앎의 과정이 오스틴 소설의 핵심이다. 무도회와 수다와 연애의 의미는 무엇을 어떻게 읽고 이해하고 판단할 것인가라는 인식론적인 질문의 회로를 통과하면서 훨씬 복잡하고 풍성해진다. 앎의 주체로 여성을 내세운 것이 오스틴의 성취이고, 이는 사회 개혁에 투신하거나 거기에 희생되어 잊혀 간 여성을 복원한 조지 엘리엇의 성취 못지않게 중요하다.

이런 깨달음을 발판으로 삼아 결국 오스틴에서 시작해 샬럿 브론테를 거쳐 조지 엘리엇에 이르는 19세기 영국 여성 소설의 역사를 전공하게 되었다. 이후 지금까지 오스틴의 문학에 대해 크게 두 갈래로 연구를 진행해 왔다. 첫째, 영국 여성주의의 전통에서 오스틴 문학의 의미를 해석하고 그 가치를 평가하는 것이다. 둘째, 대중문화 연구의 맥락에서 오스틴 수용사를 분석하는 것이다.

이 두 갈래의 공부를 연결하는 지점이 '로맨스'라 할 수 있다. 오스틴이 남긴 모든 이야기는 연애와 결혼에 집중하는 로맨스 서사이고, 오스틴이 그린 여주인공은 언제나 사랑을 성취한다. 여성의 욕망과 행복의 가능성을 일상, 가정, 연애, 감정, 결혼의 영역에서 섬세하게 재현했다는 사실은 오스틴 소설을 여성 문학의 한 전범으로 보게 하는 원동력이자 오스틴 소설이 지금까지 읽히고 사랑받는 강력한 이유이기도 하다.

누가, 왜, 그리고 어떻게 오스틴을 읽는가? 오스틴 소설의 여성 친화적인 성격은 무엇을 의미하는가? 로맨스와 여성은 어떤 문화사적인 맥락에서 어떤 방식으로 구성되는가? 여성 문학을 어떻게 정의할 것인가? 이렇게 서로 얽힌 질문들의 언저리를 맴돌면서 오스틴을 연구해 왔다. 그리고 여러 편의 논문을 통해 오스틴 소설이 성장 소설, 가정 소설, 연애 소설, 부르주아 소설, 풍속 소설, 여성 소설로서도 각각 빼어난 완결성을 보여 주지만 이 모두의 조합을 뛰어넘는 어떤 통합적이고 총체적인 리얼리티의 힘을 품고 있기에 아름답다고, 그리고 이 힘은 자신이 가장 잘 아는 세계를 가장 정확하고도 풍부한 언어로 재현한 작가적 진정성에서 나왔다고 말해 왔다.

이 책은 지금까지 연구한 것을 정리하는 동시에 새로운 생각거리를 제안하려는 뜻으로 기획되었다. 학술적인 내용을 풀어서 설명하되 새로운 지적 자극을 일깨울 수 있는 글을 쓰기에 가장 맞춤한 작품으로 처음부터 『오만과 편견』을 생각했다. 가장 널리 알려졌고 사랑받았으며 또 마르지 않는 샘처럼 젊은 소설, 독보적인 명랑

성과 발군의 균형 감각으로 삶과 문학에 관한 어지러운 질문에 속 깊은 대답을 해 줄 것 같은 소설이 『오만과 편견』이다.

　나는 스무 살에 오스틴을 읽었지만 별다른 감흥을 느끼지 못했다. 그러다가 이십 대 후반에 오스틴을 재발견했다. 진가를 몰라봤던 오스틴을 철이 조금 들어 비로소 알아보게 된 것인지, 우연히 오스틴의 진가를 알아본 덕분에 철이 조금 든 것인지 모르겠다. 어쨌든 개인적으로 이십 대 후반의 불안을 넘어가며 자신의 여성성과 화해하던 시절, 또 문학 비평에 대한 생각이 전환점을 맞이하던 시절을 오스틴을 공부하며 보낼 수 있었던 것은 커다란 행운이고 소중한 위안이었다.

　고맙게도 지금까지 오스틴의 소설은 언어의 힘과 한계, 사회적 형식과 개인적 자유의 갈등, 소통과 우정의 가치, 문학과 정치의 긴장, 근대성의 빛과 어둠, 여성적인 세계의 의미 등을 새롭게 생각하게 만드는 비옥한 토양일 뿐만 아니라 다양한 감정과 욕망과 상처의 결을 들여다보게 만드는 감정 교육의 터전이었다. 내가 오스틴을 연구했다기보다 어쩐지 오스틴 소설이 나를 찾아와 친구가 되어 주었다는 생각마저 든다. 이 책은 그런 고마움에 대한 작은 보답이기도 하다.

　개인적으로 그런 강렬한 애정을 깔고 있긴 하지만, 어디까지나 이 책의 목적은 『오만과 편견』에 대한 대중적으로 접근 가능하면서도 학술적으로 타당한 해석의 지평을 그려 보이는 것이다. 이 책이 활용한 몇 가지 해석의 틀 가운데 가장 굵직한 것은 근대 영국 소설 문학의 역사와 페미니스트 문학 비평이다. 기본적으로 '역사'와 '여성'을 중요한 범주로 하여 『오만과 편견』을 해석하고자 했다. 그러고 보니 역사, 문학, 여성이라는 세 가지 열쇳말이 언제나 내 공부의 바탕이었다.

쓰다 보니 마치 오스틴 연구를 혼자서 다 한 것 같은데, 당연히 그렇지 않다. 오스틴 연구자들이 축적해 온 성과에 의존해서 여기까지 올 수 있었고, 아직 갈 길이 멀다. 특히 스승인 메리 앤 오패럴 교수로부터 오스틴 문학에 대해 가장 깊이 그리고 가장 오래 배웠다. 이 지면을 빌려 감사드린다.

오스틴 문학 세계에 초대받고 싶은 독자들에게, 『오만과 편견』을 처음으로 또는 새롭게 들여다보고 교감하고 싶은 독자들에게, 여성 문학에 관심이 있는 독자들에게, 이 책이 (소파에서 굴러 떨어질 정도의 불쾌감이나 즐거움을 줄 리는 없으리라고 조심스럽게 전망하면서) 초보적인 길라잡이 정도의 역할을 조금이나마 할 수 있기를 희망한다.

2012년 8월
조선정

차례

| 들어가는 말 | 5

| 서론 | 『오만과 편견』의 내세의 삶   15

1장   위안과 공감의 서사   23
| 더 살펴보기 | 오스틴 현상   37

2장   제인 오스틴의 삶   41
| 더 살펴보기 | 제인주의자와 오스틴 컬트   58

3장   여성 문학과 여성화   61
| 더 살펴보기 | 품행서의 시대   76

4장   자기만의 방, 진정성의 모태   79
| 더 살펴보기 | 버지니아 울프와 블룸즈베리 그룹   95

5장   닫힌 방의 저주와 열린 방의 도전   99
| 더 살펴보기 | 여성적 글쓰기와 양성성   115

6장   읽기와 그 적들   119
| 더 살펴보기 | 책, 서재, 순회도서관   137

7장   해석의 미로   141
| 더 살펴보기 | 로맨스의 기원과 역사   158

8장　감정, 앎, 권력　**161**
　| 더 살펴보기 | 로맨스에서 가정 소설로　**178**

9장　여성의 몸　**181**
　| 더 살펴보기 | 책 읽는 여자　**199**

10장　평등의 윤리　**203**
　| 더 살펴보기 | 포스트페미니즘의 도전　**219**

　| 결론 | 여성적 글쓰기　**223**

　주석　**237**

　참고 문헌　**241**

　더 읽을거리　**245**

　용어 사전　**255**

서론
『오만과 편견』의 내세의 삶

　　1775년에 태어나 1817년에 세상을 떠난 영국 소설가 제인 오스틴은 대표작『오만과 편견』을 비롯하여 여섯 권의 소설을 발표했다. 서른여섯 살의 나이에 첫 소설『분별과 감성』으로 데뷔한 후 육년 동안 만개한 창조력으로『노생거 수도원』,『맨스필드 파크』,『에마』,『설득』등을 남기고 마흔두 살의 이른 나이에 삶을 마쳤다.
　　세계 문학사에서 19세기 영국 소설 문학이 이룬 성취와 그것이 누린 권위는 짧은 생애 동안 빛나는 작품들을 남긴 여성 소설가 제인 오스틴 없이는 불가능했다. 오스틴의 작품들은 비교적 평탄하게 고전의 반열에 올랐고, 전문적인 연구자 집단과 일반 독서 대중을 아우르면서 기복 없이 읽혀 왔다. 더구나 학문적인 관심과 대중적인 인기 사이에 간극이 거의 없는 드문 사례라는 점에서 단연 돋보이며, 바로 그런 방식으로 제인 오스틴 문학의 생명력은 거듭 증명되어 왔다.

1813년에 발표된 『오만과 편견』은 오스틴의 여섯 작품 중에서 가장 많은 사랑을 받아 온 고전 중의 고전이다. 특히 최근 십여 년 동안 다양한 방식으로 재해석되면서 문화적 코드로 발전하고 있다. 『오만과 편견』이 활발하게 현대적으로 재해석되는 데에는 이 소설이 흥미진진한 로맨스라는 사실이 중요하게 작용한다.

『오만과 편견』은, 제목을 인용해 단순하게 말하자면, 오만한 남자 다아시와 편견에 사로잡힌 여자 엘리자베스 베넷이 서로의 잘못을 교정하고 사랑을 이룬다는 이야기이다. 귀족 계층 남자와 중간 계층 여자 사이에 중첩되어 놓여 있는 계급 갈등과 성(性) 대결의 벽이 허물어지면서 화해와 타협에 이르는 과정을 추적하는 것이다. 그런 점에서 결혼을 향해 달려가는 목적론적 서사이자, 결혼 플롯의 구조를 전형적으로 보여 주는 이야기이다.

딸만 다섯인 베넷 부부는 아름다운 첫째 딸 제인과 총명한 둘째 딸 엘리자베스와 겨우 열여섯 살인 철부지 막내딸 리디아를 한꺼번에 결혼시키는 행운을 누린다. 이웃으로 이사 온 마음씨 좋은 신사 빙리를 첫째 사위로, 그를 따라 이웃에 놀러온 명문가 후손 다아시를 둘째 사위로, 그리고 다아시 집안 집사의 아들로 방탕한 생활 끝에 군인이 된 바람둥이 위컴을 막내 사위로 받아들이기까지 베넷 부부는 혼담의 이해 당사자인 딸들과 함께 온갖 우여곡절을 겪는다.

딸들의 친구 샬럿과 베넷 부부의 친척 콜린스가 맨 먼저 결혼하여 정착한 것까지 포함하면 무려 네 쌍의 연애와 결혼이 펼쳐진다. 오해와 이별이 있고, 주변 사람들의 간섭과 도움이 있고, 또 재회와 화해가 있다. 그뿐만 아니라 당대의 연애와 결혼, 그 심리와 제도와 현실과 전망에 관한 인류학적 보고서라 불러도 될 정도로 다양하고 풍부한 관점들이 경쟁하면서 서로를 비춰 준다.

로맨스 서사가 오스틴의 특허는 아니며, 로맨스라는 단어의 역사만 해도 일목요연하게 정리하기 불가능할 정도로 복잡하다. 다만 연애와 결혼을 축으로 한 가정 소설을 가리키는 것으로 협소해진 근대적 의미의 로맨스 서사를 가장 세련된 모습으로 만든 작가가 오스틴이고 『오만과 편견』이 그 전범이라는 데에는 이견이 없다.

우리가 『오만과 편견』을 찾고 또 찾는 이유는 그것이 근대적 로맨스 서사의 가장 완성된 형태, 즉 최대치로 발전되고 다듬어진 형태를 보여 주기 때문이다. 『오만과 편견』이 로맨스 서사의 완성이라는 말은 이 소설의 요체가 단순히 로맨스라는 뜻이 아니다. 오히려 로맨스에 고도로 집중하되 여러 이질적인 요소들을 통합적으로 아우르고 있기 때문에 로맨스를 넘어설 수 있는 가능성을 내장하고 있다는 뜻이다.

이 소설의 로맨스는 영국 당대의 역사적 변화와 긴밀하게 호흡한다. 프랑스 혁명과 같은 급격한 사회 변동 대신 점진적인 개혁의 길을 가면서 근대 국가 체제를 정비하던 영국 사회의 구조적 변화가 그려지는 가운데 다아시와 엘리자베스의 로맨스가 역사적인 맥락을 획득한다. 이 소설이 사회 변화를 말하는 방식은 우회적이며, 또 그렇게 에둘러 가는 방식으로만 사회 변화를 효과적으로 조망할 수 있음을 설득력 있게 보여 준다.

오스틴은 이전 시대의 작품들에서 볼 수 있었던 오만한 귀족 남자의 개과천선이라는 모티프를 피하고 그 대신 상류 계층 가정 내부의 갈등과 분화를 다각도로 보여 주고 그런 변화하는 현실을 배경으로 다아시를 그림으로써 새로운 근대적 개인을 창조한다. 또 일군의 중간 계층 여성들을 등장시켜 여성의 삶의 속살을 다채롭게 보여 주는 가운데 엘리자베스의 개성을 돋보이게 한다.

이들의 로맨스에는 경쟁하는 계급과 성을 대변하는 두 개인의 깊은 내면세계와 함께 이들을 둘러싼 사회적 환경이 역동적으로 새겨진다. 그만큼 다아시와 엘리자베스는 실감나는 개인이 되며, 그들을 둘러싼 근대적 세계 역시 생생한 역사의 일부로 복원된다.

로맨스로서 극적 재미가 충만한 이야기이고 또 그것이 역사적 변화와 유기적으로 얽혀서 인간 삶의 진실을 드러내는 서사라면 이 소설은 두고두고 읽힐 만한 고전으로서 기본적인 매력을 충분히 구비한 셈이다. 실로 『오만과 편견』은 많이 읽히고 연구되고 각색되고 변주되면서 학자들과 대중에게 두루 사랑받아 왔다. 이 작품에 쏟아진 애정과 해석과 비평의 역사는 길고 풍부하다.

『오만과 편견』은 영문학의 자랑스러운 간판으로, 근대 영국 소설의 빛나는 성취로, 여성 문학의 당당한 전위로 인정되어 왔을 뿐 아니라, 현대 대중문화의 현장에서 면면히 자리를 이어 오면서 탁월한 대중적 접근성을 유지해 왔다. 『오만과 편견』을 둘러싸고 벌어지는 이른바 '오스틴 현상'은 이 작품이 21세기 대중문화 속으로 얼마나 친근하고 자연스럽게 호출되고 있는지를 잘 보여 준다. 조금 과장해서 말한다면, 모든 사람이, 혹은 아무나, 한번쯤은 『오만과 편견』에 대해 말한다.

그러다 보니 『오만과 편견』과 『오만과 편견』에 대한 코멘트가 뒤섞이는 경우가 흔하다. 『오만과 편견』을 직접 읽는 일보다 『오만과 편견』에 대한 코멘트를 통해 『오만과 편견』을 재구성하는 일이 더 긴요해진 면도 있고, 그럴수록 『오만과 편견』이 문득 낯설게 여겨지기도 한다. 누구나 한번은 읽었거나 영화를 보았거나 들어 봤을 널리 알려진 고전일수록 다양한 해석 못지않게 일반론적인 해석에 갇히기 쉬운 면도 있는 것 같다.

이 책은 논평과 해석과 비평의 더미를 헤집고, 예측 가능한 일반론으로 소설의 의미를 간단하게 정리하는 관성에 거슬러, 『오만과 편견』을 새롭게 읽어 보려는 시도에서 기획되었다. 『오만과 편견』은 오만한 남자와 편견에 찬 여자의 로맨스라고 말해도 틀리지는 않지만, 그것만으로는 이 소설이 뿜어내는 입체적이고 다성적인 울림을 표현할 수 없다. 오만한 남자와 편견에 찬 여자의 로맨스라는 단순한 공식은 이 소설뿐만 아니라 오스틴의 작품 세계 전반에 대한 우리의 오만과 편견을 되비추는 거울인지도 모른다.

『오만과 편견』은 오만과 편견을 버리고 진정한 사랑을 성취하라고 가르치는 소설이 아니다. 오히려 오만과 편견이 일상생활에 얼마나 깊이 개입하는지 탐구하고, 또 진정한 사랑이 아닌 것들을 골고루 비추면서 그것들의 현실성을 드러낸다. 그럼으로써 하나의 도덕이나 가치를 결론으로 내세우는 대신 끊임없는 판단과 협상의 과정을 통해 깨달음에 다가가는 여정을 보여 준다.

　이 소설은 오만과 편견이 무엇인지 정의하는 소설이 아니라 다양한 형태의 오만과 편견의 차이를 분별하면서 그것들이 서로 얽혀 있는 사회적 관계의 망을 보여 준다. 눈 밝은 비평가들이 지적해 왔듯이, 오스틴의 언어가 추구하는 것은 '정의'나 '결론'이 아니라 '구별'과 '분별'이다.

　이렇듯 오스틴 소설이 교향악적인 울림을 가질 수 있는 것은 오스틴의 천재성만으로 설명할 수 없다. 오스틴 소설의 역동성은 그 시대적 맥락의 산물이다. 스무 살 무렵의 오스틴이 『오만과 편견』의 초고를 쓴 1795년께부터 소설을 잇달아 발표한 전성기라 할 1815년 무렵에 걸친 이십 년은 영국뿐 아니라 근대 유럽 역사에서 매우 폭발적이고도 함축적인 시기였다.

　간단하게 개괄하기 벅차지만, 가장 중요한 역사적 지표는 프랑스 혁명일 것이다. 영국은 안으로는 프랑스 혁명의 충격을 소화하면서 개혁 담론을 실현하는 한편 바깥으로는 프랑스와 오랜 전쟁을 해야 했다. 계몽주의를 비롯하여 정치경제학과 도덕철학이 공적 담론을 풍부하게 하던 시절이자 문학을 생산하고 소비하는 규모가 유례없이 커진 시절이기도 하다. 한편으로는 자본주의와 제국주의의 수혜로 부가 축적되고 소비문화가 번성하고, 다른 한편으로는 노동의 소외가 발생하고 여성의 처지가 열악해졌다.

　이런 역사적 상황이 오스틴의 삶과 글쓰기에 투영되어 있음은 두말할 나위가 없다. 이십여 년에 걸친 오스틴의 작가로서의 삶은 정치, 경제, 사회, 문화의 모든 면에서 근대성의 핵심 국면에 맞닿아 있다. 오스틴 소설에 근대적 주체가 등장하는 것은 필연적이다. 오스틴 소설에 전쟁이 안 나온다는 지적이나 오스틴이 협소한 가정사만 다루고 특정 계층의 삶에만 관심을 가졌다는 비판은 초기 오스틴 비평을 물들였던 오만과 편견을 대변한다.

최근 이십여 년의 오스틴 비평의 흐름은 이를 반박하면서 그 반대의 편향, 즉 모든 것을 다 아는, 거의 전지전능한 오스틴의 이미지를 만들어 낸 측면도 있다. 뭘 잘 몰랐던 오스틴과 모든 걸 다 알았던 오스틴, 이 사이 어딘가에 오스틴이 있으리라 막연하게 말할 수는 있겠지만, 정작 중요한 것은 오스틴이 무엇을 알고 어떻게 소설화하고 있는지 차근차근 살펴보는 일이다.

이 책의 목적은『오만과 편견』을 어떻게 읽을 것인가에 대한 몇 가지 연관된 대답을 내놓으려는 것이다. 이 책에서는 기본적으로 『오만과 편견』을 근대적 여성 주체를 재현하는 작품으로 파악한다. 구체적으로는 여주인공의 읽기, 감정, 몸, 말하기 등에 주목하여 그 근대적 면모를 밝힌다. 또한『오만과 편견』을 이렇게 읽는 일의 가치를 근대 영국 여성 문학의 전통에서 찾고자 한다. 한마디로, 이 책은『오만과 편견』을 새로운 여성 주체의 탄생을 축복하는 여성 소설로 읽으려는 시도이다.

이 책은 서론에 이어서 열 개의 장과 결론으로 구성되어 있다. 전체적으로 보아 크게 세 부분으로 나눌 수 있다. 먼저 첫 두 장에 걸쳐서 후일담을 다룬다. 일정한 기간을 머물다 떠난 사람과 그 사람이 남긴 책은 또 다른 시간과 공간 속에서 일종의 내세의 삶을 산다고 할 수 있다. 오스틴의 삶과 『오만과 편견』의 책으로서의 삶을 두루 살펴보면서, 작가와 작품의 재해석과 수용의 역사를 되짚어 본다.

두 번째 부분은 여성 문학에 대한 고찰이다. 여성 작가, 여성 문학, 여성적 글쓰기 등 핵심적인 개념과 이론에 어떻게 접근할 것인지 세 장에 걸쳐 논의한다. 여섯째 장부터 마지막 장까지는 본격적인 『오만과 편견』 재해석에 바쳐지는데, 근대적 여성 주체가 어떻게 재현되는지 분석한다. 결론에서는 『오만과 편견』이 도달한 여성적 글쓰기의 성취를 정리한다.

『오만과 편견』의 내세의 삶은 어쩌면 아직도 젊어서 이 작품에 대한 어떤 비평도 장차 또 하나의 오만과 편견이 될 가능성을 품고 있는지 모르겠다. 하지만 그런 가능성이야말로 고전의 가치이자 비평의 조건이다. 그런 점에서 이 책은 『오만과 편견』의 내세의 삶에 동참하고 있다. 그리고 이는 작가의 삶, 주인공의 삶, 책의 삶, 독자의 삶이 서로를 비추고 스며드는 과정을 경험하는 일이기도 하다.

1장 위안과 공감의
서사

우리는 『오만과 편견』보다 『오만과 편견』에 대한 코멘트를 먼저 만나기 쉽다. 이를테면 『오만과 편견』을 읽은 사람보다 영화 「오만과 편견」(조 라이트 감독, 2005)을 본 사람이 더 많을 수 있다. 이를 『오만과 편견』으로 가는 '잘못된' 길이라고 단정할 필요는 없다. 『오만과 편견』에 대한 코멘트를 통해 우리는 『오만과 편견』의 지위와 가치를 조정할 기회를 얻는다.

어떤 코멘트는 생산적인 대화가 되기도 한다. 1996년 영국에서 출판되어 세계적인 베스트셀러가 되었고 영화로도 만들어져 큰 성공을 거둔, 옥스퍼드 대학교 영문학도 출신인 헬렌 필딩의 소설 『브리짓 존스의 일기』처럼 말이다. 이 소설의 주인공 브리짓 존스는 자기 계발이라는 명분 아래 다이어트에 몰두하는 미혼 직장 여성이다. 직장에서는 상사의 성희롱과 차별에, 부모로부터는 결혼 압박에, 홀로 있을 때는 가벼운 우울과 불안에 시달리는 '싱글턴' 브리짓은 대도시에 사는 '오피스 걸', 관리직으로 올라가지 못하는 비정규 사무직에 종사하는 여성의 처지를 대변한다.

브리짓의 상대는 잘나가는 인권 변호사 마크 다아시로, 『오만과 편견』 남자 주인공의 이름만 바꾸고 성을 그대로 가져왔다. 더구나 이 소설을 각색한 영화 「브리짓 존스의 일기」(2001)에서 마크 다아시를 연기한 콜린 퍼스는 1995년 오스틴 열풍의 진원지였던 영국 BBC 드라마 「오만과 편견」에서 다아시를 빼어나게 연기하여 일약 유명해진 배우다. 이 영화를 만든 여성 감독 샤론 매과이어는 마크 다아시를 『오만과 편견』의 바로 그 '미스터 다아시'에 정확하게 겹쳐 놓는다.

마크 다아시가 『오만과 편견』에서 걸어 나온 것 같다면 브리짓 존스는 엘리자베스 베넷과 얼마나 닮았을까? 마크 다아시와 그의 동료 변호사 나타샤와 브리짓이 텔레비전 프로그램을 두고 대화를 나누는 장면을 잠깐 보자. 브리짓을 얕잡아 본 나타샤는 사람들이 드라마로 각색된 것만 보고 원작을 읽지 않는다고 한탄하면서, 대중문화의 경박함을 비판한다. 이에 대한 브리짓의 반응은 텔레비전은 재미있으면 그만이라는 것이다. 이 장면은 탈권위적인 브리짓의 감성을 단적으로 보여 주면서 종종 권위를 비웃는 파격적인 언행을 즐기곤 하는 엘리자베스 베넷을 떠올리게 한다.

그럼에도 브리짓은 엘리자베스 베넷의 후예라기보다는 소설가 헬렌 필딩의 페르소나에 가깝다. 고전을 제대로 읽지 않은 사람도 얼마든지 자격지심 없이 드라마를 보고 즐길 수 있다고 생각하는 브리짓은 『오만과 편견』을 읽지 않은 독자라도 자신의 소설을 그것대로 즐길 수 있다고 말하고 싶어 하는 작가 헬렌 필딩의 욕망을 대변한다. 헬렌 필딩은 영문학도로서 오스틴 문학의 가치를 누구보다 잘 이해하고 있으면서도, 자신의 『오만과 편견』 다시 쓰기가 원본의 권위를 재확인하기 위한 알리바이로 축소되는 것을 경계한다.

또한 브리짓은 엘리자베스 베넷의 현대판이라기보다 오히려 『오만과 편견』을 읽고 자랐지만 딱히 여주인공과 동일시할 수 없는 현대 여성의 애매한 상황을 보여 준다. 브리짓은 직업을 갖고 사회활동을 하는 것이 불가능했던 19세기 여성 엘리자베스 베넷보다도 어쩌면 더 열악한 삶의 조건을 견디는 현대 여성의 초상이다. 이류나 삼류로 밀릴지도 모른다는 불안과 싸우며 자기 계발서를 놓지 못하는 브리짓의 모습은 현대 여성이 맘껏 누리는 (것으로 알려진) 선택의 자유가 무엇을 의미하는지를 돌아보게 한다.

사라져 가는 것을 그리워하다

영화 「유브 갓 메일」(노라 에프런 감독, 1998)은 인터넷에서 만난 남녀 커플의 우정과 사랑을 그린 로맨틱 코미디이다. 여자는 어머니에게서 물려받은 어린이 책 전문 서점을 운영하고, 남자는 대형 서점을 경영하는 부유한 사업가이다.

여자가 가장 좋아하는 책은 바로 『오만과 편견』. 여자는 남자를 카페에서 처음 만나기로 약속하면서 테이블 위에 붉은 장미 한 송이와 함께 『오만과 편견』을 올려 둘 정도로 이 소설에 자신의 정체성을 투사한다. 여자는 『오만과 편견』에 심취한 자신을 비아냥거리는 남자에게 엘리자베스 베넷은 서양 문학에서 가장 섬세하고 복잡하게 형상화된 인물이라고 쏘아붙인다. 머쓱해진 남자가 한발 물러나자 으쓱해진 여자는 여세를 몰아 그를 영혼이 없고 속물적인 백만장자라고 공격한다.

이렇게 매정하게 일갈하는 순간을 제외하면 여자는 시종일관 따뜻하고 여린 감수성의 소유자로 그려진다. 예의와 규범을 중요하게 생각하며 젊은 세대의 이기적이고 자유분방한 라이프스타일을 비판한다. 그 흔한 캐서린의 애칭 '케이트'나 '케이티'가 아닌 '캐서린'을 고집함으로써, 그리고 이름만으로 자기를 소개하는 격의 없는 인사법을 싫어하고 정식으로 캐서린 켈리로 불리기를 원함으로써, 그녀는 고전적인 문화적 취향을 가진 전문직 여성 캐릭터를 완성시킨다.

그녀의 이러한 취향을 상징하는 기호가 『오만과 편견』이다. 그녀는 예컨대 자기 계발서나 추리 소설 같은 대중적인 읽을거리보다 고전 문학을 좋아하며, 그런 취향에 자부심을 갖고 있다. 자본력을 내세운 대형 서점의 파상적인 영업 공세에 밀려 적자를 면치 못하는 그녀의 서점은 개인적으로 어머니의 유산일 뿐만 아니라 오랜 세월 그 지역의 문화 사랑방으로 의미를 지녔던 공간이다. 그녀는 고객들과의 오랜 인연을 소중히 생각하지만 고객들은 점점 복합 문화 공간으로 떠오른 대형 서점으로 발길을 돌린다.

그녀의 서점은 사라져 가는 교양과 문화의 가치를 상징한다. 그녀는 남자에게 쏟아 놓았던 통쾌하지만 '교양 없는' 말들을 가슴

아프게 후회하는 심성의 소유자이다. 한마디로, 지난 시절의 교양과 미덕을 갖춘 반듯한 '레이디'이다. 맨해튼에서 그녀 같은 숙녀를 만나기는 불가능할지도 모른다.

캐서린 켈리는 엘리자베스 베넷이 귀족 계층 남성의 오만함뿐 아니라 모든 정형화된 관습 체계를 거침없이 비웃는 당돌함과 때때로 파격적인 자기표현으로 문학사에서 가장 유명하고도 사랑받는 여주인공이 되었음을 역설하지만, 정작 본인은 그렇게 살지 못한다. 그녀는 온실에서 곱게 기른 우아한 화초 같다. 대형 서점에 밀려 폐업 위기에 몰린 동네 서점을 살리려고 고군분투하는 상황인데도 그녀의 처지는 그다지 위험해 보이지 않는다. 그녀가 현실 경제에서 경험하는 도태와 실패는 그녀의 도덕적 우월함의 징표가 되고, 그녀의 서점은 복고적 향수를 자극하는 가상의 낙원이다.

브리짓 존스가 엘리자베스 베넷이 아니듯 캐서린 켈리도 엘리자베스 베넷이 아니다. 여성 감독 노라 에프런이 세기말 뉴욕 맨해튼의 책방 주인 캐서린 켈리로 환생했다고 상상한 존재는 엘리자베스 베넷을 창조한 소설가, 많은 여성 독자들에게 영원한 '언니'이자 '이모'로 사랑받고 우아한 숙녀로 존경받는 불멸의 작가, 제인 오스틴을 닮았다. 인터넷으로 소통하는 시대, 복합 문화 공간에서 문학이 가볍게 소비되는 시대를 살면서 변하는 세태와 지키고자 하는 가치 사이에서 고민하는 캐서린 켈리는 제인 오스틴 문학을 지키는 파수꾼이다.

오스틴의 서재가 더 이상 남아 있지 않듯이 캐서린 켈리의 작은 책방은 문을 닫았지만, 우리는 계속해서 오스틴을 읽는다. 이 영화가 그리워하는 것은 엘리자베스 베넷이라는 발랄한 여주인공이 아니라 제인 오스틴 문학이 상징하는 지성과 교양, 그리고 얄팍한 동시대의 소비문화에 밀려나고 있지만 아직 그 존재감을 완전하게 잃어버리지 않은 소중한 정신적 유산 같은 것이다. 이 영화의 전략은 문득 연필을 깎아 손때 묻은 일기장에 비밀을 기록하고 싶어 하는 아날로그 감성을 간직한 어른들의 복고적 감성, 즉 좋았던 시절이나 잃어버린 시절에 대한 향수에 호소하는 것이고, 그 향수를 환기하는 기호가 바로 오스틴 문학이다.

사랑의 본질은 예의를 지키는 것

위에서 살펴본 대로 『브리짓 존스의 일기』와 영화 「유브 갓 메일」이 시도한 『오만과 편견』의 재해석은 단순히 『오만과 편견』을 '업데이트'하는 수준을 넘어 『오만과 편견』이 우리에게 무엇을 의미하는지를 자의식적으로 물으면서 오스틴 문학의 가치를 재발견한다.

2005년 미국 작가 캐런 조이 파울러가 쓴 『제인 오스틴 북클럽』도 두 작품 못지않게 영리하고 독창적이다. 이 소설은 미국 캘리포니아 교외 지역을 배경으로 여섯 명의 친구들이 오스틴의 소설 여섯 권을 차례로 읽는 독서 모임을 만들어 우정을 쌓아 가는 이야기

제인 오스틴

제인 오스틴의 언니 커샌드라 오스틴이 1810년경 그린 것으로, 오스틴의 후손들 사이에서 약간의 논란이 있었지만 공식적으로 인정받은 유일한 초상화이다. 런던 국립 초상화 미술관에 소장되어 있는데, 실제 크기는 가로 8센티미터, 세로 10센티미터에 불과하다.

이다. 이들은 대체로 교육받은 상류층에 속하지만 감정적으로 서툰 부분이 있고 그것을 인생의 과제로 안고 있다.

이들은 "우리의 삶에 오스틴을 정기적으로 초대해서 주위를 둘러볼 필요가 있다."라며 독서 모임을 결성한 다음 각자의 방식으로 오스틴 소설에 대해 논평을 내놓는데, 모임을 거듭할수록 자신이 짊어진 인생의 과제를 해결하는 데에 한 발짝 다가간다. 독서 모임이 마무리된 후 이들이 다시 만났을 때, "우리는 오스틴을 우리 삶에 받아들였고, 이제 모두 결혼했거나 연애하는 중"이다. 상처 받은 이들이 모여 오스틴을 읽었고 마지막엔 모두 조금씩 사랑과 행복을 누리게 된다.

『제인 오스틴 북클럽』은 상처를 보듬는 따뜻한 소설이다. 이 소설을 각색한 동명 영화「제인 오스틴 북클럽」(로빈 스위코드 감독, 2007)의 오프닝은 이러한 소설의 온기를 예감케 하는 장면으로 시작한다. 영화의 화면이 열리고 경쾌한 음악이 흐르는 화면 위로 배우들의 이름이 지나가는 동안, 도시 구석구석에서 벌어지는 일상 풍경들이 펼쳐진다. 사람들은 쉼 없이 휴대 전화에 말을 걸고, 자동판매기는 동전만 삼킨 채 음료수를 내놓지 않고, 주차 공간이 나오기를 기다리다 얌체 주차에 분통이 터지고, 운반하던 물건을 쏟거나 기계의 버튼을 잘못 누르고, 줄 서서 기다렸지만 차례가 되자 영업시간이 끝나 버리고, 쇼핑센터의 도난 방지 탐지기가 오작동을 일으키는 바람에 소지품 검색을 당하는 등 일련의 상황들이 그려진다. 때로는 기계가, 때로는 옆 사람이, 사소하지만, 상처를 준다.

이 오프닝은 유머러스할 뿐 아니라 매우 함축적이고 상징적이다. 대도시에 사는 사람이라면 누구나 겪을 수 있는 당황스럽고 부끄럽고 억울하고 속상한 경험을 빠르게 편집하여 보여 주면서 웃음과 공감을 끌어내는 한편, 이런 경험이 사소한 종류의 무관심과 무례와 불친절에 의해 발생한다는 점, 그리고 이것이 삶을 파괴할 정도의 폭력은 아닐지라도 피로감을 높이고 상처를 준다는 점을 암시한다.

나아가 영화는 무관심과 무례와 불친절이 대도시의 익명성에서 오는 것일 뿐만 아니라 가장 가깝게 살을 맞대고 사는 가족으로부터 더 충격적인 형태로 찾아온다는 것을 보여 준다. 기계에, 낯선 이에게, 가까운 가족에게 상처 받은 사람들이, 특히 여성들이 오스틴을 읽기로 결의한다. 무심하고 무례하고 불친절한 도시 생활로 인한 상처가 없는 세상, 그런 좋은 세상을 꿈꾸는 사람들이 오스틴을 읽는다.

영화의 화면이 열리기 전에 "사랑의 본질은 예의를 지키는 것"이라는 제사(題詞)가 화면을 채우는데, 이 인용구의 출처는 『에마』이다. 나중에 언급하겠지만, '예의(civility)'는 『에마』뿐 아니라 『오만과 편견』에도 여러 번 나오는 단어로, 오스틴 소설 세계에서 매우 중요하게 쓰인다. 오스틴이 살았던 시대에 중간 계층 이상 사람들이 지켜야 했던 규범과 예법의 체계는 '매너(manners)'로 통칭할 수 있는데, 흔히 오스틴 소설을 '풍속 소설'로 분류하는 것은 오스틴 소설이 규범과 예법의 체계가 작동하는 과정을 보여 주기 때문이다.

매너를 지키려는 노력은 종종 관습, 허세, 가면 등으로 변질된다. 오스틴은 이를 날카롭게 풍자하는 동시에 진정한 매너의 미덕이 회복되기를 응원한다. 예의는 공손한 태도를 의미하기 때문에 어느 정도 위계질서에 대한 존중을 요구하는데, 오스틴은 상대방의 안위를 걱정하고 배려하고 보살피는 마음에 가깝게 그 의미를 수정한다. 그래서 예의는 규범과 예법의 체계를 공손하게 따를 때보다 그 체계에서 자유로울 때 더 잘 발휘된다. 오스틴은 예의를 공손함의 범주에 가두지 않고 자발적이고 적극적인 관심과 애정으로 재의미화한다. 자발적이고 적극적인 관심과 애정, 그것은 곧 '사랑'이다.

영화 「제인 오스틴 북클럽」은 소설 『제인 오스틴 북클럽』을 상당히 각색했음에도 불구하고, 상처를 받더라도 사랑하는 법을 잊어서는 안 된다는 소설의 주제를 맛깔나게 전달한다. "사랑의 본질은 예의를 지키는 것"이라는 영화의 제사는 소설의 마지막을 장식하는 또 하나의 오스틴 인용문 "사랑하는 법을 배우는 습관이야말로 정말 중요한 것"이라는 구절과 매끄럽게 호응한다. 이 소설과 영화는 19세기 '매너'를 21세기 '사랑'으로 번역함으로써, 오스틴 소설을 지배하는 매너를 현대적으로 이해하는 실마리를 제시한다.

위에서 살펴본 세 작품의 주제 의식은 사뭇 다르다. 이는 『오만과 편견』에 대한 코멘트에 하나의 일관된 경향이 나타나지 않으며 그 대신 다양한 재해석의 욕망이 공존한다는 것을 말해 준다. 우리가 다 엘리자베스 베넷처럼 운이 좋은 건 아니라는 고백이 나오는가 하면, 오스틴의 시대를 이상화하고 그리워하기도 하고, 또 그 시대나 지금이나 중요한 건 사랑하는 법을 배우는 것이라고 말하기도 한다. 이렇듯 재해석의 초점은 서로 엇갈리지만 여기에 잠재된 하나의 욕망이 있다면, 그것은 『오만과 편견』을 여성적 가치를 재조명하고 여성의 삶을 응원하는 텍스트로 읽으려는 것이다.

『브리짓 존스의 일기』, 『제인 오스틴 북클럽』을 썼거나 「유브 갓 메일」을 만든 사람은 모두 여성들이다. 이들은 모두 제인 오스틴의 문학 세계가 매우 섬세하고 복잡하면서도 현실적이고 친근하다고 말한다. 이들이 재현하는 여성 인물들은 계급적으로 안정된 경우라도 제 나름으로 세상과 불화한다. 남성 인물들은 어딘가 결핍된 상태에서 출발했다가 여성적 세계를 이해하고 그 안에서 편안해하는 자신을 발견한다. 무엇보다 여성과 소통하는 남성이 된다는 점에서 여성 독자와 관객의 판타지를 실현한다. 물론 '어떤' 여성인지, 그 실질적인 콘텐츠는 다 다르며, 바로 이 다양성과 유연함에서 나오는 창의성이 오스틴 현상의 요체이다.

이 작품들은 일상적인 공간에서 벌어지는 감정과 소통의 문제를 다루면서 예의와 이해와 우애와 배려의 가치를 옹호한다는 점에서 여성적인 감수성에 호소하는 위안과 공감의 서사라 할 만하다. 도로가 꽉 막혀 움직이지 못하는 차 안에서, 무관심과 무례와 불친절이 넘치는 세상에서, 상실과 상처를 보듬으려고, 연애의 기술을 터득할 목적으로, 혹은 다시 사랑하는 법을 배우기 위해, 21세기에 여성으로 산다는 것은 무엇을 의미하는지 알고자, 우리는 브리짓 존스와 캐서린 켈리와 『제인 오스틴 북클럽』의 여섯 인물처럼 『오만과 편견』을 펼쳐 들고 그 세계를 상상한다.

우리가 상상하는 것은 엘리자베스 베넷과 다아시의 달콤한 로맨스 자체라기보다 로맨스에 풍부한 문맥을 입혀서 충실한 로맨스이되 로맨스만은 아닌 무엇으로 로맨스의 서사적 삶을 확장하고 또 로맨스의 여주인공을 사랑스럽고도 주체적인 여성으로 그릴 수 있었던 오스틴의 세계, 그리고 그 세계를 창조한 소설가 제인 오스틴의 혜안이다.

▍더 살펴보기

오스틴 현상

'오스틴 현상'은 오스틴이 지명도 높은 브랜드가 되어 대중에게 각인되는 문화 현상이다. 오스틴이라는 이름이 잘나가는 상품이 된 것이다. 이 상품이 생산되고 소비되는 다양한 방식을 아우르는 총체적이고 포괄적인 용어가 바로 오스틴 현상이다.

오스틴 현상의 분수령은 1990년대 중반이다. 1993년에 에마 테넌트가 쓴 『오만과 편견』 후속 소설 『펨벌리, 오만과 편견 이후』가 나오면서 '다시 쓰기' 열풍을 예고했다. 1995년과 1996년 사이에 오스틴의 소설을 영화로 각색한 작품이 한꺼번에 여러 편 나와서 큰 관심을 끌었다.

그 가운데 BBC에서 제작한 6부작 드라마 「오만과 편견」이 열광적인 호응을 받으면서 단숨에 오스틴 현상을 주도했다. 주요 매체에 특집 기사가 실리고 주연 배우들이 각광을 받고 원작이 새롭게 읽히면서, 오스틴은 이 세상 모든 여성의 '언니'이자 '이모'가 되었다. 『오만과 편견』이 워낙 두루 읽히던 고전이긴 했어도 드라마의 성공에 힘입어 그렇게까지 사랑받고 숭배받으면서 하나의 문화적 아이콘으로 자리를 굳히리라 예측한 사람은 많지 않았을 것이다.

드라마 「오만과 편견」이 미국 시장에서 대성공을 거둠으로

써, 제인 오스틴이라는 이름, 그리고 「오만과 편견」이라는 소설 제목은 영문학계에서 통용되는 범위를 훌쩍 뛰어넘어 다양한 방식으로 대중적 상상력과 소통하기 시작했다.

BBC 「오만과 편견」만큼 오스틴 현상을 주도한 또 다른 작품은 「오만과 편견」의 서사 구조만을 빌려 와 현대적으로 각색한 「브리짓 존스의 일기」이다. 소설이 나온 것은 드라마 「오만과 편견」이 방영된 1996년이지만, 그 속편이 나오고 영화가 개봉하면서 인기를 누린 기간은 2000년대 초반에 걸친다. 그래서 「브리짓 존스」 시리즈는 BBC 「오만과 편견」의 인기를 이어받아 2000년대 초반에 오스틴 현상을 지속시킨 작품으로 봐도 무방하다.

흥미로운 것은 이 시리즈가 「오만과 편견」에 비해 그 독자와 관객층을 좀 더 특정하게 제한하여 성공했다는 사실이다. 이 시리즈는 미혼 여성의 애환에 초점을 맞추고 있다. 직업 선택과 연애의 자유를 누리는 대신 온갖 불안에 시달리는 현대 도시에 사는 직업 여성의 내면을 그린 '칙릿' 장르가 최근까지 유행했는데, 이 시리즈가 바로 칙릿의 기본 요소들을 예시했다고 해도 과언이 아니다.

2010년대로 접어들면서 최근에는 다양하고 기발한 장르 융합과 혼성 플롯을 과감하게 수용해서 얼핏 보면 더 이상 오스틴 소설의 느낌이 살아나지 않는 경우도 흔하다. 이를테면 2009년에 나온 「오만과 편견과 좀비」가 단적인 사례다. 미국 공포 영화의 단골 소재인 좀비를 끌고 들어온 것은 그 시도 자체가 오스틴 소설 세계에 대한 조롱 섞인 공격일 수 있으며, 「오만과 편견」 다시 쓰기가 특정한 방향으로 고착되는 것에 대한 저항의 성격을 띤다고 볼 수 있다.

사실 최근 『오만과 편견』 다시 쓰기는 거의 괴물, 괴수, 외계인, 뱀파이어 등 낯선 타자를 등장시키는 경향을 보인다. 그러다 보니 여성 문학으로서, 혹은 앞서 지적한 대로 '위안과 공감의 서사'로서 『오만과 편견』의 성격이 해체되는 추세도 나타난다. 2004년에 나온 인도 뮤지컬 영화 「신부와 편견」이 '오만(pride)'을 아예 '신부(bride)'로 바꿔 원작의 로맨스 요소를 노골적으로 강조한 것은 거의 순진해 보일 지경이다. 그만큼 오스틴 현상은 정체하지 않고 '탈(脫) 로맨스', 혹은 '반(反) 로맨스'의 궤도로 진로를 조정하고 있다.

이러한 변화의 비평적 함의를 분석하려면 오스틴 연구와 대중문화 연구가 교차하는 지점에서 다양한 논의가 진행되어야 하겠지만, 이 책의 주제 의식과 관련하여 생각해 볼 것은 로맨스의 퇴조가 곧 페미니즘의 퇴조를 의미하는가라는 질문이다. 지금까지 오스틴 현상과 다시 쓰기 열풍이 로맨스 요소를 강화하는 방향으로 진행되면서 여성 친화적인 면모가 두드러졌다면, 최근의 경향은 여러모로 남성적이라고 할 수 있다.

2장 제인 오스틴의
삶

제인 오스틴의 삶에 대해 알려진 것은 많지 않다. 일기가 없는 상태에서 오로지 편지 일부와 가족들의 기억만이 의존할 수 있는 자료로 남아 있다. 셸리나 바이런 같은 동시대 낭만주의 시인들의 하루하루가 정밀하게 기록되어 남아 있는 것에 비하면 오스틴의 삶은 베일에 싸여 있다고 할 수 있다. 부족한 자료에도 불구하고, 오스틴의 삶에 대한 관심은 학계 안팎으로 풍부했다. 여러 종류의 전기가 축적되어 왔고, 최근까지도 새로운 해석이 활발하게 나오고 있다.

누구보다 로맨스 서사를 원숙하게 다루었던 오스틴이 평생 결혼하지 않고 독신으로 생을 마감했다는 사실은 특별한 호기심을 불러일으킨다. 2003년에 나온 평전『비커밍 제인 오스틴』에서 저자 존 스펜스는 방대한 문서를 섭렵한 데서 나온 식견과 오랜 연구에서 우러나온 비평적 안목을 결합하여 소설가 오스틴의 내면세계를 정교하게 재구성한다. 스펜스는 오스틴의 삶에 단 하나의 사랑이 있었고 이 사랑의 흔적이 오스틴의 작품에 깊이 배어 있다고 추정한다.

2007년에 나온 영화「비커밍 제인」(줄리언 재럴드 감독)은 이 추정에서 출발한다. 스펜스는 오스틴이 스무 살에 만났던 아일랜드 출신의 법률가 지망생 톰 르프로이에게 매료되었고 그를 다시 만나지 못했음에도 그에 대한 열정을 간직했다고 말한다. 영화는 이를 극적으로 포장하여 오스틴과 르프로이가 비밀리에 약혼하고 가족을 떠날 계획까지 품었던 것으로 그린다. 이는 오스틴의 삶을 하나의 로맨스 사건으로 축소하고 낭만화하는 결과를 초래한다.

오스틴과 르프로이의 만남을 지나치게 낭만화하는 경향은 여성과 남성의 권력관계를 전형적으로 반복하는 문제로 이어진다. 르프로이가 오스틴에게 도시의 뒷골목을 보여 준다든가 오스틴의 편협한 독서를 교정해 줄 수 있는 파격적인 내용의 책을 권유하는 장면들은 점잖은 숙녀였던 오스틴이 그를 따라 미처 알지 못했던 육체와 욕망의 세계에 입문한다는 남성 중심적인 해석을 깔고 있다. 경험이 풍부한 르프로이가 순진한 작가 지망생 오스틴을 이끈다는 관습적인 설정에 의존한 것이다.

잊을 수 없는 첫인상을 남겼을 뿐 실제로 시간을 함께 보낸 적이 거의 없었던 오스틴과 르프로이의 관계를 전면에 내세우면서 영화는 오스틴이 성공적인 소설을 쓰기 위해 꼭 필요했던 세상에 대한 지식과 경험을 르프로이에게 빚졌다고 말한다. 정작 영화의 영감을 제공한 스펜스의 『비커밍 제인 오스틴』은 오스틴이 소설가가 '되기'까지 갈고 닦았던 것은 주변 가족과 그들이 맺는 관계에 대한 예민한 관심이라고 일관되게 주장한다. 거대한 변화를 관통하던 시대를 살았던 오스틴이 여러 차원에서 사람들 사이의 다양한 관계와 욕망의 흐름을 지켜보면서 자신의 소설 언어를 찾아 나갔다는 것이다.

재기 발랄한 문학소녀

　　제인 오스틴의 아버지 조지 오스틴은 옥스퍼드 대학교에서 공부한 가난한 목사였고 어머니 커샌드라 리는 귀족 집안 출신이었다. 제인 오스틴은 1775년 영국의 남부 지방 스티븐턴에서 이들 부부의 여덟 아이 중 일곱째이자 둘째 딸로 태어났다. 큰아들 제임스는 아버지를 따라 목사가 된다. 둘째 아들 조지는 어린 시절부터 질병을 앓았다고 전해진다. 셋째 아들 에드워드는 부유한 친척인 나이트 가문으로 입양되어 큰 유산을 물려받는다.

　　넷째 아들 헨리는 쾌활하고 감성이 풍부한 성품으로 제인 오스틴과 각별한 우애를 나누며 자랐다. 그는 나중에 제인 오스틴이 작가로 성공한 다음 출판과 관련한 협상을 맡았다. 스펜스는 『비커밍 제인 오스틴』에서 헨리가 결혼한 사촌 누나를 사랑하고 나중에 남편을 잃은 그녀와 결혼하는 과정을 제인 오스틴이 옆에서 지켜보면서 사랑과 결혼에 대해 깊은 생각을 하게 되었으리라고 설득력 있게 추론한다.

　　다섯째이자 첫 딸인 커샌드라는 이 년 후에 태어난 여동생 제인과 어릴 적부터 기숙 학교를 함께 다니면서 돈독한 자매애를 쌓았다. 커샌드라는 약혼자가 서인도 제도에서 사망한 후 평생 독신으로 지냈다. 이들 자매가 주고받은 편지는 비록 많이 소실된 상태임에도 오스틴의 삶을 복원하는 데 가장 요긴한 자료로 남아 있다.

여섯째인 프랜시스와 막내 찰스는 해군에 복무하면서 나폴레옹 전쟁에 참전했다. 프랜시스와 찰스 사이에서 자란 오스틴은 해군이 된 오빠와 남동생에게 애틋한 정을 느꼈고, 이는 소설에서 해군이라는 직업을 구체적으로 그리는 것으로 나타난다.

오스틴이 받은 정규 교육은 언니 커샌드라와 함께 다녔던 기숙 학교가 전부다. 그녀는 중간 계층 이상 미혼 여성에게 필요한 교양 교육, 즉 재봉과 살림, 그림과 음악, 사교춤과 대화술 등 대부분을 집에서 배웠다. 오스틴에게 가장 중요한 교육은 아버지의 서재에서 이루어진 듯하다. 오스틴은 어린 시절부터 장성한 오빠들과 함께 아버지의 서재에서 많은 책을 읽으며 자란 조숙한 문학소녀였다.

잠시 후에 더 언급하겠지만, 18세기에 영국의 인쇄 문화가 비약적으로 발전하여 다양한 대중적 읽을거리가 유통되었다. 덕분에 대학 교육의 수혜나 직업 선택의 기회가 봉쇄된 채 집에 머물러야 하는 중간 계층 여성에게 책을 읽고 글을 쓸 수 있는 기회가 열렸다. 오스틴을 비롯한 여성 작가의 활약은 이런 역사적 국면을 배경으로 한다. 오스틴이 18세기에 유행했던 소설과 시와 산문 등 당대의 문학뿐 아니라 전통적인 역사서나 설교서 등을 광범위하게 읽었고 다채로운 주제와 스타일의 영향을 받았다는 사실은 어린 시절의 습작을 통해 잘 드러난다.

오스틴은 일찍부터 습작에 몰두해서 열여덟 살 때까지 세 권의 개인 문집을 펴냈다. 가족들 앞에서 원고를 읽거나 헌사를 붙여 가까운 친척에게 바치는 일이 관례였다. 초보적이나마 작가로서의 정체성을 몸에 익힌 셈이라고 할 수 있다. 상업적인 출판을 염두에 둔 작가 수업은 아니었지만, 오스틴에게 습작은 효과적이고 견고한 글쓰기 훈련의 장이었다.

오스틴이 장편 소설을 구상하고 쓰기 시작한 것은 스무 살이 되던 1795년 무렵이다. 『엘리너와 메리앤』, 『첫인상』, 그리고 『수전』이라는 제목을 단 소설을 썼는데, 이는 나중에 수정을 거쳐 각각 『분별과 감성』, 『오만과 편견』, 『노생거 수도원』으로 출판된 작품의 초고였다. 1797년에 오스틴의 아버지는 그중 『첫인상』을 출판업자에게 보내 출판 가능성을 타진했다가 일언지하에 거절당한다. 이 원고가 『오만과 편견』으로 개작되어 세상의 빛을 본 것은 그로부터 십육 년이 지난 후이다.

오스틴이 처음으로 판 원고는 『수전』이다. 단 10파운드라는 낮은 가격이었다. 이 소설은 십 년이 넘도록 출판이 계속 미뤄지다가 오스틴이 작가로 성공한 다음 다시 원고를 찾아와 주인공 이름을 바꾸고 전면적인 수정을 거친 후에, 결국 오스틴이 사망한 후 (아마도 커샌드라가 붙였을) 『노생거 수도원』이라는 제목으로 출판되었다. 공식적인 데뷔작은 『엘리너와 메리앤』을 수정한 『분별과 감성』이었다. 1811년, 오스틴의 나이 서른여섯 살 때였다.

'어떤 숙녀'에서 소설가로

　스무 살 즈음에 쓴 초고를 수정하여 출판하기까지의 십오륙 년에 걸친 세월 동안 오스틴은 집을 떠나지 않고 늘 가족과 함께 살았다. 결혼 적령기를 훌쩍 뛰어넘은 미혼녀로서 부모에게 혹은 친척들에게 얹혀살면서 출판의 꿈을 버리지 않고 글을 썼다. 1805년 아버지가 세상을 뜬 후 서른 살의 오스틴은 어머니와 언니와 함께 오빠들의 경제적인 도움에 의존해야 했다.

　나이트 가문에 입양되어 유산을 물려받은 덕분에 형제들 중 가장 부유해진 셋째 오빠 에드워드가 1809년에 어릴 적 고향인 스티븐턴에서 멀지 않은 초턴에 작은 시골집을 마련해 주었고, 그제야 오스틴은 본격적으로 소설 쓰기에 몰두할 수 있게 된다. 지금은 영국이 자랑스러운 관광 명소로 아름답게 꾸며 놓은 초턴의 시골집, 언니 커샌드라와 공유한 침실 이외에 독립된 집필 공간이 없었던 소박한 시골집의 응접실에서 오스틴은 『오만과 편견』을 비롯한 여섯 권의 소설을 썼다.

　큰오빠 제임스의 아들은 오스틴이 세상을 떠난 지 오십여 년이 지난 1870년 제임스 에드워드 오스틴리라는 긴 필명으로 『제인 오스틴 회고록』을 발표하는데, 이듬해에 바로 개정판이 나올 정도로 크게 주목을 받았다. 그가 기억하는 제인 오스틴은 손재주 많고 부지런한 집안 살림꾼이자 자애롭고 살가운 고모였다. 오스틴리의 회

제인 오스틴 박물관

런던 남부 햄프셔 지방에 있는 시골 마을 초턴에
남아 있는 집으로 제인 오스틴은 여기서
장편 소설 여섯 권을 완성했다. 현재 제인 오스틴
박물관으로 운영되고 있다.

고록을 유명하게 만든 가장 대표적인 구절은 바로 그러한 일상적인 모습 속에서 언뜻 드러나는 '글쟁이' 오스틴의 모습이다.

> 그녀가 어떻게 이 모든 것을 성취할 수 있었던가를 생각하면 놀랍다. 그녀가 자주 갈 수 있는 서재가 따로 없었고 집필은 대부분 틀림없이 공동 거실에서 그때그때 온갖 종류의 방해를 받으면서 이루어졌을 것이다. 그녀는 자신의 일이 하인이나 방문객 또는 가족 친지 이외의 다른 사람에 의해 의심을 받지 않도록 조심하면서 글을 썼다.
>
> ─『제인 오스틴 회고록』, 127쪽

집 안팎으로 문이 열리고 닫히는 소리에 신경을 곤두세운 채 방문객이 드나드는 정황을 파악하고 때로는 원고를 슬쩍 감추어 가면서 남몰래 조용히 글을 쓰는 오스틴. 이 이미지는 열악한 환경에서도 위트와 통찰을 잃지 않는 여성 소설가의 초상으로 대중에게 각인되기 시작해 지금은 거의 하나의 신화가 되었다. 이 신화가 환기하는 여성 소설가의 처지와 그것을 초월하는 창작열은 우리가 오스틴의 삶과 교감할 수 있는 길을 활짝 열어 주었다.

1811년 10월 『분별과 감성』은 당대의 관습을 따라 익명으로, 단지 '어떤 숙녀'라는 관행적인 구절을 달고 출판되었다. 한 권에 15실링으로 여섯 달에 걸쳐 1000부 정도 팔려서 140파운드 정도의 수입을 올렸다.[1] 출판업자가 책을 인쇄하고 유통시키지만 책이 팔리지 않을 경우 인쇄를 의뢰한 작가가 그 비용을 부담하기로 한 계약으로, 사실상 자비 출판에 가까운 형태였다. 초턴 시골집의 생활비가 연간 500파운드 정도였던 점을 고려하면, 첫 데뷔작으로 140파운드의 수입을 올린 것은 소박한 성공이었다.

곧이어 1813년에 110파운드를 받고 저작권을 넘기는 방식으로 『오만과 편견』을 출판했는데, 한 권에 18실링이었고 1500부 정도가 팔렸다. 저작권을 통째로 판 바람에 크게 수익을 내지 못하자 1814년에 『맨스필드 파크』는 인세를 받는 방식으로 출판했다. 오스틴이 유명세를 얻으면서 그녀의 소설로 돈을 벌 수 있다는 것을 직감한 출판업자들이 다가오기 시작한 때이다. 1816년에 나온 『에마』는 1200부라는 순조로운 판매고를 올렸으나, 앞에 나온 작품들의 추가 판매가 주춤하는 바람에 전체적인 수입은 그다지 늘어나지 않았다.

『에마』가 출판될 무렵 '어떤 숙녀'가 누구인지 알려졌다. 연달아 소설을 출판한 전성기에도 오스틴의 생활은 변함이 없었다. 여전히 가족과 가정이 생활의 중요한 토대였다. 조카들이 태어나 자라고 사촌들이 병들어 세상을 떠나는 것을 지켜봐야 했고, 친척을 방문하고 조카에게 편지를 쓰고 헨리의 사업을 걱정해야 했고, 또 출판업자와 협상을 벌이며 조금이라도 유리한 환경에서 책을 내놓고자 고심했다.

『맨스필드 파크』와 『에마』는 오스틴의 유명세를 타고 출판되었지만 수입 면에서 『오만과 편견』을 뛰어넘지 못했다. 오스틴이 소설 판매에서 벌어들인 총수입은 600파운드가 안 된다. 약간 이르거나 비슷한 시기에 작품 활동을 했고 오스틴보다 더 유명했던 소설가들의 작품이 보름 만에 1만 부 넘게 팔려서 2000파운드에 이르는 수입을 벌어들였던 전례가 있음을 생각할 때 오스틴의 성공은 소박했던 셈이다. 마지막 순간까지도 편지에 돈 걱정이 그토록 자주 등장하는 것을 보더라도 그녀가 작가로 성공한 후에도 경제적 위기감에서 자유롭지 않았음을 알 수 있다.

 1817년 초 마지막 소설 『설득』을 수정하는 가운데 오스틴은 심각한 건강 악화에 직면했다. 그해 5월에 윈체스터로 진료를 받으러 떠났다가 익숙한 초턴의 응접실로 돌아오지 못하고 그곳 성당에 묻혔다. 『설득』은 『노생거 수도원』과 함께 묶여 이듬해에 출판되었다. 그로부터 몇 년 후 오스틴 소설의 저작권이 대형 출판사에 넘어가 19세기 후반 내내 문학 전집류에 포함되어 꾸준히 나오게 된다.

 오스틴의 묘비는 "스티븐턴 교구 목사 고(故) 조지 오스틴의 막내딸 제인 오스틴을 기억하며. 기독교인의 인내와 희망으로 오랜 질병과 싸우다 1817년 6월 18일 마흔두 살의 나이로 생을 마감하다."라고 기록하고 있다. 조카가 쓴 『제인 오스틴 회고록』의 출판과 맞물려 오스틴에 대한 문학적 평가가 확고하게 확립된 즈음인 1872년에 세워진 추모비에는 "많은 이들에게 소설로 알려졌고, 활달한 매력으로 가족에게 사랑받았으며, 기독교도의 신심을 갖춘 제인 오스틴, 1775년 12월 16일 스티븐턴에서 태어나 1817년 6월 24일 이 성당에 묻히다"라고 새김으로써 오스틴에게 비로소 '소설가'라는 이름을 부여한다.

여성에 의한,
여성을 위한,
여성의 문학

    스펜스가 『비커밍 제인 오스틴』에서 르프로이와의 로맨스를 부각하기 전까지만 해도 오스틴의 삶에서 가장 흥미롭게 여겨졌던 사건은 해리스 빅위더의 청혼이었다. 1802년 겨울 스물일곱 살의 오스틴은 오랜 이웃이자 친구였던 해리스 빅위더의 청혼을 받아들였다가 그다음 날 취소해 버렸다고 전해진다. 당대의 기준으로 볼 때 스물일곱 살이라는 나이는 청혼을 받을 수 있는 마지막 나이다. 오스틴은 상당한 재력가로 알려진 해리스 빅위더의 청혼을 거절함으로써 독신의 길에 들어선다.

    오스틴은 1801년부터 은퇴한 아버지를 따라 번화한 대도시 바스에 머물렀다. 바스 주변은 휴양과 사교로 유명한 지역이라 로맨스의 가능성이 높았을 테지만 오스틴에게 아무 일도 일어나지 않은 것은 원하지 않는 결혼은 하지 않겠다는 그녀의 의지가 확고했기 때문이 아닐까 싶다. 해리스 빅위더의 청혼을 수락했다가 번복한 것도 오스틴이 나이가 차서 할 수 없이 해야 하는 결혼에는 결코 뜻이 없었음을 시사한다. 점점 조여 오는 경제적 불안을 감지하면서도 쉬운 해결책에 귀의할 수 없었던 것이다.

    이때부터 1809년 초턴에 정착할 때까지 생계와 주거가 모두 불안했던 몇 년 동안 오스틴의 쓰고자 하는 열망과 써야 한다는 절박함이 가장 강력했을 것이다. 청혼을 거절하고 독신을 기정사실화하는 순간 소설 쓰기는 거의 유일한 직업이자 사명이자 희망이 되었을 것이다. 유산을 물려받거나 결혼에 안착하지 못한 이십 대 후반 삼십 대 초반의 숙녀에게 가정 교사나 간병인 같은 초라한 일자리만 주어지던 시대에, 팔리는 소설을 쓴다는 것은 생계를 유지할 수 있는 거의 유일한 생존 전략이었다. 르프로이와의 스치듯 지나간 로맨스가 오스틴에게 소설을 쓰기 위한 감정 훈련의 기회를 제공했다면, 해리스 빅위더의 청혼을 거절함으로써 오스틴은 소설가로서 뚜렷한 목표와 사명감을 철저하게 받아들이게 되었다고 볼 수 있다.

이렇듯 오스틴이 살았던 사십여 년의 여정은 중간 계급 여성이 직면한 삶의 조건과 밀접하게 연관된다. 오스틴이 속한 중간 계층은 얼핏 안전해 보이지만 그 사회·경제적인 지위가 꽤 모호하다. 오스틴은 한편으로는 노동하지 않고 물려받은 토지와 재산으로 살아갈 수 있는 여가 계층 친척들이, 다른 한편으로는 목사나 군인이나 법률가와 같은 전문적인 직업을 가지고 가족을 부양해야 하는 부르주아 계층의 친척들이 있었고, 이들과 두루 인척 관계를 맺고 있었다. 그녀는 어릴 때부터 유산 상속이나 재산 분할과 연관된 문제, 직업 선택과 가족 부양의 문제 등에 자연스럽게 노출되었고 이 문제들을 둘러싸고 벌어지는 이해관계의 충돌이나 갈등을 목격하면서 자랐다.

오스틴 같은 교육받은 중간 계층 여성은 교육을 받았기 때문에 상류층과의 교류가 가능하고 반드시 직업을 가지지 않아도 친인

척의 도움으로 근근이 살 수 있었지만, 거기에 안주해서는 평생 의존적인 삶을 살아야 했다. 혼자 힘으로 새로운 삶의 길을 개척하기는 거의 불가능했다. 늦은 나이에 소설가로 등단하는 바람에 젊은 시절 대부분을 오빠들의 도움에 의존해서 살았고 경제권을 제대로 행사해 본 적이 거의 없으며 출판 시장의 현실에도 밝지 못했던 오스틴으로서는 여성의 취약한 처지에 대해 깊이 생각할 수밖에 없었을 것이다.

오스틴의 삶이 노정하는 이러한 중간 계층 여성의 일상적 경험 세계는 그녀의 작품에 깊이 스며들어 있다. 여성이 가정 공간에 밀착되어 있다는 것은 여성이 물리적으로 한 가정의 내부에만 머문다는 뜻이 아니라 여성적 경험이 (한 가정을 포함한) 가정적인 세계, 가정의 논리가 관철되는 공간에 기입된다는 뜻이다.

가정적인 세계는 한편으로는 유산 상속과 재산권 확보를 둘러싸고 벌어지는 계산과 경쟁의 논리가 언제나 잠복해 있는 냉혹한 현실이고 또 다른 한편으로는 감정과 소통, 매너와 풍속을 끊임없이 되새김질할 수 있는 문화적 실천의 영역이다. 오스틴 소설의 단골 소재로 등장하는 유산 상속과 재산권, 연애와 결혼, 무도회와 만찬, 편지 쓰기와 가십거리, 비밀과 오해 등은 여성적 경험의 핵심을 이룬다.

일상적인 가정 공간에서 벌어지는 가족 관계를 중심으로 인식과 감정이 작동하는 방식을 보여 주고 깨달음과 화해를 모색하는 서사 구조를 가장 집약적으로 드러낼 수 있는 서사가 로맨스이다.

『오만과 편견』에서 여성적 경험의 세계가 로맨스 서사의 틀에 재현되는 방식은 새롭고 경쾌하면서도 사려 깊다. 오스틴은 엘리자베스 베넷을 비롯한 여성 인물들이 경험하는 일상과 그들의 내면세계를 섬세한 필치로 그려 내는 동시에 여러 쌍의 연애와 결혼을 꼼꼼하게 추적한다. 한마디로, 여성 작가가 여성의 삶에 관심을 가지고 여성의 행복과 자유를 옹호하는 관점으로 쓴 '여성에 의한, 여성을 위한, 여성의' 문학이라고 할 수 있다.

    이 소설의 여성 친화적인 면모는 엘리자베스에게 끝까지 그녀를 사랑하고 그녀의 행복에 헌신하는 남성을 허락함으로써 엘리자베스가 구현하는 여성의 욕망을 정당화하는 데에서 극대화된다. 이 소설 특유의 활력은 여주인공의 발랄한 농담이나 행복한 결혼이 주는 카타르시스에서 단편적으로 나오는 것이 아니라 로맨스 서사 구조가 여성적 경험의 세계를 풍요롭고 가치 있는 것으로 고양시키는 데서 나온다. 다시 말해, 여성적 경험의 세계가 여성이 처한 궁핍한 현실을 되비추는 초라한 거울로 남아 있지 않고 풍성한 삶의 리얼리티로 승화된다는 사실이 이 소설이 가진 최고의 미덕이자 성취이다.

    오스틴은 중간 계층 여성의 삶을 세심하게 관찰하고 깊이 이해한 작가이다. 여성적인 주제에 치우치지 않으려고 애쓰거나 중립적 균형을 가장하거나 보편성이라는 관념에 결박되지 않은 자유로운 정신으로, 자신이 가장 잘 아는 익숙한 세계를 그려 냈다. 일상적이고 가정적이고 여성적인 세계에 밀착하는 방식으로, 그러나 그 세계를 남성적 세계와 다른 것으로 협소하게 영토화하는 대신, 이분법적인 성별 차이로 쉽게 환원될 수 없는 근대적 여성 주체의 일상과 욕망을 생생하게 형상화한다. 그렇게 여성 문학으로 완성됨으로써 고전의 반열에 오르는 문학적 성취를 이룬다. 이러한 여성 문학의 존재 방식을 『오만과 편견』을 통해 읽는 것이 이 글의 궁극적인 목적이다.

│ 더 살펴보기

제인주의자와
오스틴 컬트

워낙 '현상'이 흔한 시대에 오스틴 현상 역시 수많은 현상들을 끊임없이 생산하고 반복함으로써 존재를 증명하는 소비 자본주의 대중문화의 거품이라는 측면이 있는 한편, 오스틴 현상이 제나름대로 이백 년의 시간을 넘나드는 역사를 이어 온 독특한 문학적 사건이라는 측면이 공존한다.

오스틴은 19세기에 이미 스타 작가의 반열에 올랐다. 1817년 오스틴이 세상을 떠난 후 운 좋게 저작권을 산 출판사에서 1830년대부터 전집이 출판되기 시작했고, 19세기 내내 여러 출판사에서 다양한 판본으로 책이 나와서 꾸준하게 읽혔다. 큰조카가 펴낸 『제인 오스틴 회고록』을 포함하여, 남은 가족들의 신중한 관리도 오스틴의 명성을 다지는 데 기여했다.

'제인주의자들'이라는 단어는 1896년에 나온 『오만과 편견』 서문에서 한 편집자가 처음 사용했다. 그 후 세기말과 20세기 초반에 적어도 문학적 소양을 갖춘 사람들 사이에서는 꽤 유통되었던 것으로 보인다. 이 단어의 탄생은 오스틴 소설이 19세기에 이미 하나의 문학 권력으로 자리를 잡았음을 시사한다.

20세기 초반에도 많은 작가들이 오스틴 소설을 높이 평가했고, 20세기 중반부터 영미의 학계에서 영문학의 정전화가 진행되면서 오스틴 소설은 영국 문학의 '위대한 전통'으로 굳어졌다. 오스틴의 명성은 학계 바깥에서도 확고했다. 미국의 영화 산업은 영국 소설을 영화 시나리오의 보고로 활용했는데, 『오만과 편견』은 인물과 배경과 주제가 모두 영화적으로 매력적이고 대중성이 탁월한 텍스트로 꼽혀 왔다.

한편 영국은 문화유산을 체계적으로 관리하는 국가적 기획의 일환으로 영국 문학의 거장들이 태어나고 활동했던 장소들을 역사적 유적과 관광지로 가꾸는 데 투자하면서 오스틴을 매우 중요하게 다루었다. 이런 맥락에서 보면 오스틴 현상이란 단순히 영화나 소설 한 편이 불러온 갑작스러운 대중적 관심이라기보다 다양한 사회·문화적인 효과들이 오랜 시간 축적된 결과로 나타난 것이며, 지속 가능한 문화적 투자의 면모를 가졌다고 볼 수 있다.

『정글북』의 작가 러디어드 키플링이 1923년에 발표한 단편 소설 「제인주의자들」에서는 오스틴의 열성적인 팬이 주인공으로 등장한다. 주인공이 전쟁에서 부상을 당해 후송된 이야기를 하는데, 간호사 한 명이 오스틴 암호를 알아듣고 후송 열차에서 침대를 확보해 줬다는 것이다. 참전 군인이 오스틴을 읽는 것이나 그 덕분에 살아남았다는 것이나 얼핏 들으면 황당하기 짝이 없다. 하지만 여기에는 21세기 오스틴 현상을 예시하는 이중적인 매력이 함축적으로 담겨 있다. 암호를 공유하는 이들에게 오스틴 소설은 그들만이 아는 '컬트'이지만 부상 군인을 후송하는 열차에까지 그 암호가 퍼져 있다면 이미 모두 다 아는 대중문화인 것이다.

오스틴 소설이나 영화를 좋아하는 팬은 21세기 제인주의자라 할 수 있다. 아마도 21세기 제인주의자는 오스틴 소설을 인용할 수 있고 오스틴 영화를 DVD로 소장하고 있을 뿐만 아니라 자신의 블로그에 오스틴과 관련된 시시콜콜한 이야기를 올리고 오스틴과 연관된 물품을 사 모으고 인터넷에 자신이 제작한 짧은 애니메이션 클립을 오스틴에 대한 '오마주'로 바칠 수도 있고 온라인 팬클럽을 운영하면서 오스틴 소설에 나온 장소를 순례할 영국 여행 계획을 세울 수도 있을 것이다.

오스틴 소설은 끊임없이 변주와 재창조의 욕망을 불러일으키고 포용하는 환대의 서사 공간이다. 제인주의자는 오스틴 소설이라는 흥미로운 놀이터에서 이 소설로 무엇을 하면 재미있을까 상상하며 여기저기를 기웃거리며 노는 아이들인지도 모른다. 오스틴 소설이 엄숙하고 고고한, 범접하기 어려운 정전으로 모셔졌다면 오스틴 현상은 애초에 불가능했을 것이다.

오스틴 소설을 인용하고 그 인용구들을 통해 세상을 해석하는 실마리를 얻으려 했던 지난 세기의 제인주의자들은 20세기 후반과 21세기 초반의 변화한 문화적 환경을 통과하면서 소설을 그 자체로만 읽기를 거부하고 뚜렷한 취향을 드러내는 전문적인 오스틴 팬으로 진화하고 있다. 이들이 제작한 오스틴 '웨비소드(webisode)'가 전통적인 오스틴 연구자가 써낸 학술 논문 한 편보다 하찮다고 말할 수 있을까. 그 진정성과 권위와 가치가 비슷하다고 말할 수는 없더라도 서로 다른 방식으로 오스틴 소설의 내세의 삶에 동참하면서 그것을 풍성하게 확장하고 있는 것은 분명하다.

3장 여성 문학과
여성화

오스틴의 아버지가 출판사에 보냈다가 거절당한 원고가 십육 년 후에 『오만과 편견』이 되는 이 극적인 이야기는 단지 오스틴이 『첫인상』을 『오만과 편견』으로 성공적으로 개작했기 때문만이 아니다. 1810년대 문학 시장의 규모와 판세가 1790년대 중반보다 안정적이었음을 고려해야 한다. 폭발적으로 성장한 출판 시장의 안팎에서 여성 소설가들은 왕성한 활동으로 주류와 비주류의 경계를 허물며 다양한 글쓰기를 실험하고 있었다. 1810년대 중반 오스틴의 성공은 바로 이러한 문학 시장과 문학사의 진화라는 문맥과 얽혀 있다.

그렇다면 여성은 언제부터 문학을 해 왔을까? 이 질문은 풀기 골치 아픈 엉킨 실타래와도 같다. 어느 한 시기를 명쾌하게 지목할 수 없는 어려움도 있지만 그것보다 근본적으로 문학이라는 범주를 정의하는 일부터 아주 까다롭다. 도대체 어떤 종류의 글을 문학이라고 부를 것인가? 특정한 형식을 갖춘 글을 문학이라 부른 것은 근대 역사의 산물이다. 문학이 '문학'으로 제도화되려면 저자, 저작권, 그리고 장르 등의 개념이 확립되어야 하고 글쓰기를 전문적으로 할 수 있는 사회적 인프라가 뒷받침되어야 한다.

문재(文才)를 타고난 한 공작 부인을 상상해 보자. 궁정을 중심으로 읽을거리가 제한적으로 유통되던 시절, 문학 활동은 귀족의 후원을 받는 문인, 주로 남성 시인들에 의해 주도되었다. 필사본을 돌려 보던 관습에 따라 시 한 편은 돌고 돌면서 여러 사람에 의해 수정되었을 것이다. 시 한 편이 게으른 공작의 서재에서 운 좋게도 공작 부인의 눈에 띄어 멋지게 다듬어졌을 수도 있다. 공작 부인은 친구들과 많은 편지를 주고받았을 수도 있고, 먼 식민지 땅을 여행하면서 훌륭한 기행문을 남겼을 수도 있다. 궁정 문화의 일부였던 돌려 보기 관행을 합당한 문학 행위로 인정한다면, 그리고 편지글과 일기문 같은 사사로운 글을 더 대접한다면, 제대로 조명받지 못한 이 공작 부인 같은 여성 문인의 삶과 작품을 발굴하는 일이 문학 연구에서 점점 많은 비중을 차지하게 될 것이다.

여성의 글쓰기 활동은 궁정 문화 속에서도 흔적을 남겼지만, 17세기 사회 변화를 거치면서 본격적으로 족적을 남기기 시작한다. 르네상스 이후의 총체적인 사회 변화를 간단히 정리하기는 쉽지 않지만, 여성의 문학 활동과 관련하여 꼭 짚어 볼 계기는 인쇄 문화이다.

유럽의 근대 역사를 연구하면서 인쇄 문화에 특히 주목한 학자로 베네딕트 앤더슨과 위르겐 하버마스를 꼽을 수 있다. 앤더슨은 근대 '국민 국가'가 기틀을 잡은 것은 '인쇄 자본주의'에 따라 '국어'라는 통일된 문자 체계를 소비하고 결속력을 느끼는 "상상의 공동체"가 형성되었기 때문이라고 보았다. 주지하다시피, 중세를 지배했던 종교의 권위가 해체되는 세속화 과정을 거치면서 개별 국민 국가의 언어를 사용한 문학이 나오기 시작했다. 이것이 현재까지 통용되는 제도로서의 국민 문학의 근간을 이룬다.

한편 하버마스는 18세기 '공적 영역'이 귀족 계급의 폐쇄적인 인맥 구조 바깥에서 부르주아 지식인들이 공통 관심사를 나누며 교류할 수 있는 사회적 소통의 장을 제공함으로써 근대 민주주의의 기반이 되었다고 분석한다. 그리고 문자 매체의 보급에 따라 문학이 대중화되고 비판적 저널리즘이 태동했기 때문에 이러한 지식의 교류와 담론의 형성이 가능했다고 지적한다.

일찍이 명예혁명을 겪으면서 의회 정치의 기틀을 다진 영국에서는 정치와 종교를 둘러싼 논쟁이 활발했고, 논쟁적인 글을 실은 팸플릿이 글쓰기의 중요한 통로였다. 여기에 다양한 문예 잡지가 더해지면서 읽을거리가 쏟아져 나왔고, 커피 하우스와 순회도서관이 전국적으로 보급되면서 담론의 유통망이 확대되었다. 인쇄 문화의 확산은 문자 매체를 소비하고 전유할 수 있는 총체적인 능력인 '문해력'의 확장과 맞물리면서 근대성의 핵심 추동력이 된다.

앤더슨과 하버마스가 염두에 둔 인쇄 문화와 공적 영역의 주체는 주로 부르주아 남성이었다. 문학이 유통되는 장이 궁정에서 시장으로, 후견인의 보호를 받던 문인의 지위가 독립적인 전문 직업인으로, 문학 활동의 목적이 지식 교류에서 생계 유지로 이동하는 전반적인 변화 속에서 읽고 쓸 수 있는 인구가 크게 증가했지만, 여전히 문자를 소비하는 남성의 규모가 여성보다 더 컸고 그런 점에서 인쇄 문화의 주도권은 남성에게 있었다.

하지만 인쇄 문화의 지형에 진입하기 시작한 여성들은 장기적으로 전반적인 문학계의 흐름을 흔들 정도로 중요한 역할을 했다. 그만큼 여성의 진입은 새롭고 낯선 현상이었고, 그 파급력이 컸다. 아쉽게도 앤더슨과 하버마스는 인쇄 문화와 여성의 관계에 특별히 주목하지 않았다.

대학 교육의 수혜가 남성에게만 주어지던 시절이었으므로 여성에게 책 읽기는 독학의 기회이자 교양의 자극제였다. 이것이 가능했던 이유 중 하나는 생산 수단의 형태가 변화했기 때문이다. 온 가족이 동원되어 가내 수공업 형태로 자급자족하던 소규모 경제 구조가 남성 노동력을 주축으로 한 공장 산업 중심으로 재편되면서 가사 노동에서 자유로워진 중산층 딸들에게 읽고 쓸 시간이 생겼다. 갈고 닦은 독서 능력을 갖춘 교육받은 중산층 여성에게 소설 쓰기는 거의 유일한 직업으로 인식되었고, 영광스럽고 명예로운 직업으로 존중받지는 못했지만 돈을 벌 수 있는 유망한 일자리가 되었다.

여성 소설가의 등장

인쇄 문화의 확장과 문해력의 향상이라는 근대적 변화를 축으로 삼아 여성 문학의 발흥을 대략적으로 논의했지만, 여성 문학이 배태된 생태계를 완벽하게 복원하는 데에는 한계가 있다. 연구자들에 따르면 18세기에는 '소설가', '작가', '저자'가 혼재했고 '소설'

이 정착되기 전 다양한 산문 종류의 글이 생산되었다. 동화, 역사, 회고록, 자서전, 편지, 전기, 여행기 등을 '소설'이라는 용어로 포괄했을 정도로 그 용어의 사용이 느슨하고 유동적이었던 것으로 보인다.

다만 확실한 것은 인쇄 문화와 공공 영역의 확장으로 인한 여성 인구의 문해력 향상이 영국 문학의 성별 지형을 크게 바꾸기 시작했다는 사실이다. 포괄적이고 개방적으로 쓰이던 소설이라는 용어가 점점 여성 작가들의 작품을 가리키는 방향으로 조정되면서, 소설과 여성을 태생적으로 유착된 것으로 보는 시각이 강해졌다. 여성의 글쓰기가 소설이라는 장르에 몰린 것은 아마도 소설이 현재 진행형으로 형성 중인 문학 형식인 데다 전통적으로 남성의 영역이었던 고전 교육을 받지 않아도 부담 없이 시도할 수 있는 장르였다는 사실과 관련이 있을 것이다.[2]

여성과 문학의 관계가 이렇게 극적으로 발전하자 기존에 문학을 독점했던 남성 권력에 균열이 발생하면서 여성 작가에 대한 사회적 낙인이 표면화하기 시작했다. 여성 작가에 대한 편견은 한편으로는 뿌리 깊은 여성 혐오의 변주이자, 다른 한편으로는 전통적인 후원 제도의 안전망을 떠나 시장으로 나가야 했던 작가의 지위에 대한 불안이 복합적으로 투영된 태도로 볼 수 있다. 여성 작가에 대한 편견은 완고했지만, 성공하는 여성 소설가가 배출되기 시작하면서 여성 문학은 경쟁력을 갖춘 상품으로, 그리고 사회적 영향력을 행사하는 담론으로 점점 정착한다.

18세기와 19세기 초에 걸친 소설 문학의 역사를 이렇게 여성 소설가의 활동을 위주로 새롭게 보기 시작한 것은 최근의 일이다. 초기 소설의 이론화를 주도했던 비평가 이언 와트는 1957년 저작 『소설의 발생』에서 리얼리즘 서사 기법, 중산층 독서 대중, 개인주의적 세계관 등을 초기 소설 문학의 기반으로 본다. 그리고 초기 소설의 선구자로 대니얼 디포(1659~1731), 헨리 필딩(1707~1754), 새뮤얼 리처드슨(1689~1761)을 꼽았다. 널리 알려진 디포의 『로빈슨 크루소』, 필딩의 『톰 존스』, 리처드슨의 『파멜라』 등이 초기 소설의 대표적인 명작으로 거론되었다.

와트의 이론은 오랫동안 권위를 누렸으나, 1980년대부터 영문학계에서 서구 중산층 백인 남성의 세계관을 대변해 온 기존의 문학 연구 방법론에 대한 문제 제기가 나오고 여성 작가에 대한 관심이 높아지면서 그 영향력을 점차 상실했다. 디포와 필딩과 리처드슨은, 기술적인 의미뿐 아니라 더 중요한 상징적인 의미에서도, 더 이상 영국 소설의 '아버지'가 아니게 되었다.

글쓰기를 직업으로 삼아 성공한 최초의 여성 소설가는 애프라 벤(1640~1689)이다. 처음으로 여배우가 금기를 깨고 무대에 오르기 시작하던 시절, 여배우와 여성 작가가 번듯한 직업으로 인정받지 못하고 도덕적 타락으로 매도되던 관습이 남아 있던 시절, 벤은 돈을 벌고 성공하겠다는 야망을 숨기지 않고 꿋꿋하게 희곡을 무대에 올리고 시와 소설을 썼다.

애프라 벤이 그린 활달한 여성상은 이후 들라리비에르 맨리(1670~1724)와 일라이자 헤이우드(1693~1756)의 소설에서 자유분방하게 섹슈얼리티를 발산하는 여성상으로 진화한다. 맨리와 헤이우드는 평탄치 못한 사생활 때문에 숱한 오해에 시달렸는데, 이는 여성 작가에 대한 편견을 강화하는 빌미가 되었다. 이들의 소설은 18세기 후반에 거의 유통되지 못한 채 다시 빛을 보기 위해서 20세기가 되도록 기다려야 했지만, 여성 작가의 지위를 인정받고 표현의 자유를 확보하고자 했던 치열한 노력은 근대 영국 문학의 지형도에 선명한 족적을 남겼다.

18세기 후반과 19세기 초에 이들보다 안전하고 안정된 환경에서 글을 썼고 그래서 가장 모범적으로 성공한 여성 소설가는 프랜시스 버니(1752~1840), 앤 래드클리프(1764~1823), 머라이어 에지워스(1768~1849) 등이다. 버니의 대표작인 『이블라이나』는 순수하고 물정 모르는 여주인공이 세상의 이치를 배우고 올바른 짝을 찾아 정착하는 이야기로 대중을 사로잡았다. 버니의 대성공은, 비록 방향은 반대지만, 이전 세대였던 맨리와 헤이우드의 성공과 유사한 틀을 공유했다. 일탈이든 순응이든, 여성, 여성 작가, 여성 소설에 대한 고정 관념의 궤도를 크게 벗어나지 않고 이루어진 것이다. 래드클리프가 천착했던 고딕 주제나 에지워스가 발전시킨 여성 교육 주제도 마찬가지다.

여성 소설가들뿐 아니라 디포와 필딩과 리처드슨 같은 대표적인 남성 소설가들도 여성을 주인공으로 내세운 소설을 많이 썼다. 고대 영웅 서사시나 중세 기사도 로맨스가 남성의 문학이었다면 근대 소설은 확실히 여성의 문학이다. 영문학자 낸시 암스트롱은 근대 영국 소설을 연구한 저서에서 "근대 주체는 여성"이라는 명제를 제출할 정도로 여성 주인공의 압도적인 존재감에 주목한 바 있다. 소설은 여성에 대해 말하려는 욕망이 발화하는 장이었다. 소설뿐 아니라 일련의 산문 형식들이 여성에 대해 말하는 담론으로 정착되었다.

여성 길들이기와 소설의 역습

17세기 말 존 로크의 합리주의 철학은 보편적 이성을 주창함으로써 적어도 이론적으로는 여성도 남성처럼 교육받고 사회 활동에 참여할 수 있음을 옹호하는 길을 열었다. 그런데 여성 혐오와 차별이 사라진 자리에 평등의 원리가 정착하기는 쉽지 않았다. 평등이 아니라 오히려 남녀의 차이를 부각하는 담론이 대세를 이루면서, 여성의 특수성을 강조하는 경향이 강화된다. 이를테면 여성은 남성과 다르게 기질이 예민하고 감정적으로 섬세하고 도덕적으로 순수하다는 식이다.

이런 여성관은 여성의 우월함을 숭배하는 듯 보이지만 사실은 여성을 남성의 욕망의 대상으로 객체화해 여성다움 혹은 여성성의 신화를 만들어 낸다. 18세기 중반 무렵 여성의 행동 규범을 규정한 지침서인 품행서가 쏟아져 나와서 이 신화가 사회적으로 구성되고 재생산되는 통로로 기능했다. 예컨대 핼리팩스 경의 『딸에게 주는 조언』(1688)이 인쇄를 거듭하면서 전국적으로 보급되고, 존 그레고리의 『딸에게 주는 아버지의 유산』(1761), 제임스 포다이스의 『아가씨를 위한 설교』(1766), 토머스 기스번의 『여성의 의무에 관한 연구』(1789)와 같은 책들이 중산층 여성의 필독서가 되었다.

품행서마다 구체적인 행동 지침은 조금씩 다르지만, 일관되게 남자의 마음에 드는 여자가 되라는 현실적인 교훈을 전달한다. 온순하고 겸손하고 우아하게 남성을 보좌하는 것이 여성의 역할이며, 자신감에 차 있거나 주관이 뚜렷해서는 남성에게 낙점되기 힘들다는 것이다. 『아가씨를 위한 설교』의 한 대목에서 포다이스는 젊은 여성의 임무는 "남성에게 책을 읽어 주어 싹싹하고 쓸모 있는 여성이 되는 것"이라고 말한다.

합리주의와 계몽주의의 확산으로 교육이 시대의 화두가 되었다. 한편으로는 여성 교육에 적극적인 관심과 투자가 나타났고, 다른 한편으로는 교육의 이름으로 억압적인 규율 체계가 강화되고 정당화되기까지 하는 결과가 벌어졌다. 여성 교육의 적은 단순히 무지가 아니라 오히려 지식의 과잉, 즉 품행서가 확산시키는 여성에 관한 특정한 지식의 유통이었다.

여성성에 대한 집요한 관심을 원재료로 삼은 또 하나의 담론은 소설이다. 품행서와 소설, 이 두 장르가 던지는 질문은 동일하다. 여성은 누구인가? 여성은 무엇으로 사는가? 여성은 무엇을 어떻게 하는 것이 좋은가? 이 질문들은 실제 여성의 삶과 괴리된 특정한 여성의 이미지를 생산하며, 이렇게 재현된 여성은 하나의 문화적 구성물로서 이데올로기적 기능을 발휘한다. 이러한 여성의 담론화 현상을 '여성화'[3]라고 부를 수 있을 것이다.

여성화의 흐름에도 불구하고 현실에서 여성의 정치·경제적 지위는 열악한 상태에 머물렀다. 이는 여성에게 관심을 두고 여성에 대해 말하고자 하는 문화적 욕망, 그리고 그 관심과 욕망이 생산해 낸 담론의 유통이 여성에게 유리한 일이 아님을 암시한다. 여성화는 거의 반(反)여성적인 문화 현상으로 작동한다.

여성화는 공적 영역과 사적 영역의 분리에 따른 성별 분업 체계를 재생산하는 논리이고, 이 논리는 여성을 권력에서 소외시키는 전략과 공모한다. 여성을 남성과 다른 특별한 존재로 보고 여성의 영역을 특화하고 그 틀 안에서만 여성이 계속 발화하게 하는 구조에서, 다름은 결코 중립적으로 이해되지 않는다. 여성성은 남성성과 단지 다르게 이해되는 것이 아니라 다르다고 말하는 그 순간 열등해지는 것이다.

여성화에 내재된 차별의 논리를 정당화하는 명제를, 예컨대 18세기 후반 유럽에서 널리 읽힌 장자크 루소의 저서 『에밀』(1762)에서도 찾을 수 있다. 이 성장 소설의 주인공인 에밀의 짝이 될 소피를 처음 소개하면서 루소는 "남성은 강하고 능동적이어야 하며 여성은 나약하고 수동적이어야 한다. 남성은 권력과 의지를 가져야만 하고 여성은 저항하지 않는 것으로 충분하다."라고 썼다. 이러한 여성관은 18세기에 강력한 이데올로기적 구속력을 발휘했고 19세기에 '가정의 천사'라는 빅토리아 시대의 이상을 만들어 내는 토대가 된다.

여성을 브랜드로 내세운 대표적인 언술 체계이자 여성 교육의 중요한 두 축을 담당한 품행서와 소설은 서로 경쟁한다. 노골적이고 적극적인 방식으로 여성스러운 품행을 전도하는 품행서의 한계가 점점 분명해지면서 은근하고 복합적인 방식으로 여성에 대해 말하는 소설의 가능성이 다양한 방식으로 실험되는데, 버니를 지나 오스틴의 시대로 오면서 그 실험이 최고조에 이른다.

한 손에 『아가씨를 위한 설교』를, 다른 손에 프랜시스 버니의 『이블라이나』를 올려놓고 읽으면서 여성이 되는 법을 배웠을 여성들에게 오스틴의 소설은 가부장적 규율과 남성 중심 문화가 지배적인 사회에서 살아남기 위한 처세술과 연애술뿐만 아니라 저항과 타협의 기술을 가르치는 새로운 서사였을 것이다.

소설은 품행서를 풍자하고 패러디하는가 하면 품행서가 가르쳐 주지 않는 현실 세계의 비밀을 누설함으로써 품행서의 지위를 훼손하고 여성 교육의 새로운 패러다임을 구축한다. 품행서의 권력에 저항하는 소설의 역습, 이 새로운 문학적 흐름의 선봉에 선 소설가가 제인 오스틴이다. 오스틴에 이르러 소설, 여성 문학, 여성 작가의 지위에 대한 인식은 대전환을 맞는다.

앞서도 여성이 언제부터 문학을 했는지 정확하게 알 수 없다고 했지만, 여성 문학사를 쓰는 일은 문학을 정의하는 일 못지않게 까다롭다. 문학을 먼저 정의해 놓고 그다음에 여성의 역할과 공헌에 대해 생각하는 순차적인 방식으로는 여성과 문학이라는 주제를 제대로 감당할 수 없다. 문학을 먼저 정의하다 보면 기존의 남성 중심적인 문학관을 답습하게 되고 주어진 틀 안에서 여성의 몫을 할당하는 식으로 이 주제를 다룰 공산이 크다. 여성의 문학 활동을 인정하고 그에 합당한 자리를 부여하고 예우할 수 있다면 그것은 분명 중요한 일이지만, 그것에 안주한다면 여성의 문학 활동에 의해 문학이 새롭게 정의되는 가능성을 고려할 수 없게 된다. 여성의 문학 활동에 관심을 가진다는 것은 여성 작가의 작품을 발굴하고 명예를 회복하는 데서 멈추지 않고 여성의 문학 활동을 통해 문학이라는 범주 자체의 복합적인 함의를 성찰하는 데까지 나아가야 한다.

    19세기 영국 소설은 여성 문학사에서 풍부한 광맥이다. 오스틴이라는 탁월한 작가가 있기 때문만이 아니라 오스틴의 성취를 가능하게 한 그 시대의 총체적인 문화적 환경이 여성 문학을 풍요롭게 만들기 때문이다. 19세기는 책 문화의 발달과 문해력의 향상, 계몽주의적 이성의 지배, 의회 민주주의와 공적 영역의 확장, 산업 혁명과 생산력의 팽창, 자본주의 발전과 제국주의 경영, 교육의 확대와 직업의 분화, 가정 공간의 성역화와 여성성의 신화화 등 근대 문명의 여러 표지와 징후가 맹렬하게 진화하던 시대였다. 그리고 결혼과 가정, 그리고 여성에 관한 공적 담론이 여성화의 이데올로기로 발화하던 때였다. 여성 소설가들은 여성화라는 이데올로기적 포획 상태로부터 문학의 쓰임새를 새롭게 만들어 내면서 앞선 시대의 문학 규범을 수정하고 새로운 서사 공간을 창출했다. 여성화에 복무하지 않는 방식으로 여성에 대해 썼던 것이다.

오스틴은 18세기 여성 문학의 유산을 창조적으로 이어받아 근대 여성 문학의 장을 활짝 열어젖혔다. 오스틴의 소설 세계는 여성화라는 흐름이 여성을 소외시키고 대상화하는 젠더 이데올로기로 굳어지는 것에 저항하면서 여성의 욕망과 주체성을 드러내는 서사적 틀을 모색했다. 여성 문학으로서 『오만과 편견』이 여성화 기획과 어떻게 협상하고 그것을 어떻게 극복하는지 그 성취를 분석하기 위한 하나의 우회로로, 다음 장에서는 여성 문학사 가운데 가장 선구적이고 빼어난 저서 한 권을 읽으려 한다.

더 살펴보기 — 품행서의 시대

궁정 문화와 귀족 문화의 소산 가운데 하나가 품행서이다. 적절한 예의범절과 생활 규범, 가문의 의례와 예식, 여성의 덕목을 정리한 내훈 지침 등을 기록한 일종의 '매뉴얼' 같은 문서가 넓은 의미의 품행서에 해당한다. 영어로는 conduct book이다.

품행서는 계급 문화의 현실을 반영한다. 올바른 매너의 지침을 기록해 후대에 전수한다는 것 자체가 계급적 귀속감을 형성하고 계급 차이를 정당화하는 욕망의 표현이다. 또한 품행서는 인간의 교육과 계몽의 가능성에 대한 기대를 반영한다. 크게 보면 품행서는 문명화 기획의 일부인 셈이다. 가르치고 길들이지 않으면 인간의 야만성을 통제할 수 없으리라는 의심과 비관이 그 바탕에 깔려 있는지 모르겠지만, 어쨌든 가르치고 길들여야 한다는 당위, 그리고 이 당위가 함축하는 인간(성)에 대한 믿음이 없다면 품행서의 존재 이유가 희미해진다.

품행서에도 역사가 있다. 귀족 계급의 지배력이 약화되면서 신흥 부르주아가 귀족 계급과 연합하여 상류층 문화를 창출하던 시점, 그리고 이성에 대한 계몽주의적 신뢰가 확대되고 교육이 시대의 화두가 된 역사적 국면에서, 품행서는 더 이상 계급 문화의 틀에 안주할 수 없었다. 품행서의 영향을 받는 사람들의 범위와 그 방식이 모두 재조정되어야 했다.

　　　영국 사회사에서 품행서의 지위와 가치가 긴요해진 시기로 보통 18세기를 꼽는다. 인쇄 문화의 확대로 품행서의 생산과 유통이 광범위해짐에 따라, 품행서는 예전에 책깨나 읽는 뼈대 있는 집안의 전유물에서 아무 집에서나 흔하게 찾아볼 수 있는 손때 묻은 집안 소품으로 그 가치가 떨어졌다. 그러나 그렇게 평범해질수록 영향력은 전면적으로 확대되었다. 특히 특정한 종류의 품행서가 특정한 방식으로 중요해졌다. 앞에서 설명했다시피 미혼 여성에게 딸과 아내의 덕목을 가르치는 품행서가 폭발적으로 유행한 것이다. 품행서의 내용을 결정하는 층위가 '계급'에서 '성/젠더'로 이동한 셈이다.

　　　품행서에서 가르치는 여성의 덕목은 몸가짐, 표정, 걸음걸이와 웃음소리에서부터 살림 솜씨, 애교와 교태, 대화법과 예법, 편지 쓰기와 독서법에 이르기까지 세세하고도 다양했다. 목사나 교육자의 권위를 가진 남성 작가들뿐 아니라 전통적으로 여성 교육이라는 진보적(으로 보이는) 대의에 제 나름대로 헌신한 여성 작가들도 품행서를 집필하다 보니, 품행서가 종교적이거나 애국주의적인 성격을 띠는 경우도 있었다.

　　　흥미롭게도 품행서에 따라 조금씩 다르게 규정된 지침이 서로 충돌하기도 한다. 예를 들어 존 그레고리의 『딸에게 주는 아버지의 유산』에서는 여성이 결코 먼저 마음을 보여서는 안 된다고 가르치는 반면, 토머스 기스번의 『여성의 의무에 관한 연구』는 마음을 보여 주지 않으면 매력이 없다고 가르쳤다. 『오만과 편견』의 한 장면에서 여주인공과 그녀의 친구가 여자가 남자에게 마음을 드러내는 것이 좋은지를 두고 논쟁을 벌일 때 오스틴은 바로 이런 상황을 염두에 두었을 것이다.

오스틴이 어느 쪽 입장을 옹호하는지 밝히는 것은 별로 의미가 없다. 오히려 오스틴은 품행서의 시대가 여성의 일상에 어떤 문제를 일으키는지 관찰하는 방식으로 품행서의 권위에 신중하게 의문을 제기한다. 요컨대 품행서의 억압성을 비판적으로 보되, 품행서 자체를 단일한 이데올로기로 추상화하는 위험을 피하면서 실제 삶에서 개인에 따라 품행서가 어떻게 다르게 작동하는지 살피는 것이 품행서를 대하는 오스틴의 기본 철학이다.

오스틴의 여주인공은 품행서의 규율을 비웃거나 무시하는 것으로 유명하다. 소설 속에는 여주인공의 그런 반항기를 지적하고 온당하게 비판하는 인물, 품행서에 충실하게 복종하는 여성 인물, 그리고 반항기를 극단적으로 밀고 나가 아예 규범의 존재 자체를 조롱하는 여성 인물이 골고루 등장한다. 이들이 빚어내는 불협화음의 긴장을 통해 여성과 품행서의 관계를 다양한 각도에서 볼 수 있다는 점이 오스틴 소설을 훌륭한 여성 소설로 만드는 요소이다.

4장

자기만의 방,
진정성의 모태

중간 계층 여성 전업 작가가 등장했다는 사실을 전쟁이나 혁명에 버금가는 중요한 역사적 사건으로 본 비평가는 20세기 영국 문학을 대표하는 소설가 버지니아 울프(1882~1941)이다. 울프는 1928년 마흔여섯의 나이에 『등대로』와 『올랜도』를 출판하면서 영국 모더니즘 문학의 중요한 작가로 부상하는데, 이때 케임브리지의 뉴넘 대학과 거턴 대학에 두 차례 초대되어 '여성과 소설'을 주제로 강연한다.[4] 강연 원고를 묶어 이듬해 출판한 책이 바로 『자기만의 방』(1929)이다.[5]

　페미니스트 문학 비평이 영미권 학계에 자리를 잡고 여성 작가의 작품이 대학교 영문학과 강의에서 폭넓게 읽히기 시작한 1970년대 후반부터 이 책은 여성 문학을 둘러싼 논쟁의 발원지였으며, 때론 추앙받고 때론 비난받았을지언정 결코 가볍게 다루어진 적이 없다. 울프는 "내가 역사를 다시 쓴다면 십자군이나 장미 전쟁보다 더 충실하게 기술하고 더 중요하게 생각했을 변화가 일어났습니다. 바로 중산층 여성이 글을 쓰기 시작한 것이지요."(65쪽)라고 말하면서 영국 여성 문학의 전통을 18세기 여성 소설가들에게서 찾고 있다.

　여성 소설가들이 글을 썼던 방 또는 응접실의 탁자는 근대 여성 문학의 산실이었다. 그 방과 탁자에는 이전 시대에 빛을 보지 못하고 스러져 간 여성 작가들의 혼이 깃들어 있다. 여성 문학은 어느 한 시점에 출현한 것이 아니라 오랜 세월 축적된 집단적 경험에 의해 준비되어 온 것이다.

'여성과 소설'을 생각하다

『자기만의 방』은 여성 문학에 '관한' 비평서로서 고전일 뿐만 아니라, 어쩌면 더 중요한 의미에서 여성 문학'의' 고전이다. 한 편의 소설처럼 읽게 만드는 울프의 독특한 스타일이 빚어내는 모호하면서도 성찰적인 울림은 그 자체로 문학적 성취에 육박한다.

울프는 "여러분의 공책 갈피에 잘 싸인 채 벽난로 선반 위에 영원히 모셔질 순수 진리라는 금괴를" 건네주는 일에는 관심이 없다는 말로 강연을 시작한다. 강연이 끝나더라도 "여성과 소설에 관한 결론을 낼 의무를 피해 왔으니 여전히 (이 주제는) 미해결로 남을 것"(4쪽)이라고 아예 처음부터 못 박아 놓고 시작하기까지 한다. 청중의 기대를 허물어 버린 그 자리에 '메리'라는 지극히 평범한 이름의 여성을 등장시켜 마치 한 편의 모노드라마를 상연하는 것 같은 독특한 스토리텔링 기법을 선보인다. 사실, 이 책에는 메리라는 이름의 여성이 여러 명 등장한다. 여러 명의 메리'들'이 빚어내는 반복과 차이의 놀이는 여성을 하나의 본질로 규정하는 것을 피하기 위한 선택처럼 보인다.

처음 등장한 메리는 성실한 관찰자이자 진지한 사색가이다. 골똘히 생각에 잠겨 걸으며, 여러 종류의 공간을 지나치고 거기에 들어갔다가 나오고 또는 문전 박대를 당하고 또는 길을 잃는다. 예컨대 그녀는 케임브리지 교정의 강둑에 앉아 여성과 소설이라는 주제를 생각하다가 갑자기 섬광처럼 스치는 어떤 생각에 사로잡혀 잔디밭을 가로질러 빠르게 걷는다. 이때 대학의 수위가 나타나 잔디밭에서 나가라고 명령한다.

그의 얼굴은 공포와 분노를 드러냈어요. 나는 이성이 아닌 본능으로 알아챘습니다. 그는 대학의 하급 관리, 나는 여자. 여기는 잔디밭, 저기는 보도. 교수와 학자만이 잔디에 들어올 수 있고, 자갈길이 내 몫이었습니다. 한순간에 벌어진 일이었어요. 내가 보도로 가자 그 관리는 팔을 내리고, 그의 얼굴은 평온을 되찾았는데요, 잔디밭이 자갈길보다 걷기에 더 좋기는 하지만 내가 해를 입은 건 없었습니다. 삼백 년 동안 끊임없이 다듬어 온 그들의 잔디밭을 보호하느라 내 귀여운 물고기를 그만 숨어 버리게 했다는 것만이 그 대학의 교수와 학자를 상대로 내가 제기할 수 있는 유일한 비난이었습니다.

—『자기만의 방』, 6쪽

"공포와 분노"로 일그러진 수위의 얼굴에서 "본능"적으로 자신의 위반을 직감한 메리는 이 엄연한 차별 앞에서 이미 그럴 줄 알았다는 듯이 차분하다. "내 귀여운 물고기"를 받아 주지 않는 "그들의 잔디밭"을 원망하지도 부러워하지도 않는 것은 어차피 물고기는 잔디밭에 어울리지 않는다는 사실을 잘 알기 때문일지 모른다.

메리는 길모퉁이를 돌 때마다, 새로운 공간을 마주할 때마다, 깊이 생각한다. 그녀의 사색이 방해받고 끊기고 또 회복되고 간신히 이어지는 사소한 정황을 따라가다 보면, 우리는 점차 여성이 생각한다는 것, 즉 정신세계를 가지고 산다는 것이 무엇을 의미하는지 깨닫게 된다. 그녀의 사색이 순조롭게 진행되지 못하고 좌충우돌한다는 사실, 그럼에도, 아니, 할 수 없이 이런 산만한 방식으로밖에는 그녀가 생각을 붙들고 있을 길이 없다는 사실이야말로 여성의 삶과 문학 활동에 대한 진실을 보여 주는 셈이다.

메리는 도서관에 들어가려 시도하다가 여성은 들어갈 수 없다는 말을 듣고 실망한다. 이어서 대학 교회 앞을 지나가다가 대학의 건축에 바쳐진 기부의 역사를 되짚어 보고 왜 우리의 어머니들은 대학에 통 크게 기부하지 않았는지 묻는다. 그리고 케임브리지의 남자 대학과 여자 대학이 각각 초청한 식사 자리에 연이어 다녀온 후, 왜 남성은 포도주 만찬을 벌이고 여성은 물을 마시며 소박한 식사를 하는지 묻는다.

아이를 낳아 기르느라 시간도 없었고 개인적으로 쓸 수 있는 돈을 가질 수도 없었기 때문에 우리의 어머니는 우리에게 아무것도 물려주지 못했다. 전통과 학식과 교양과 명예와 부가 남성의 세계에만 독점적으로 베풀어져 온 것이다. 그러니 역사책에는 감금당하고 매 맞고 학대당하는 여성의 기록만이 범람하는 것도 당연하다고 메리는 한탄한다.

그런데도 남성들은 잔디밭을 지키려는 대학 수위처럼 "공포와 분노"로 여성을 대해 오지 않았는가. 메리는 오랫동안 여성의 열등성을 연구한 "모 교수"를 상상하면서 그의 얼굴을 그려 보는데, 무심코 그린 그의 일그러진 얼굴이 분노로 가득하다. 여성에 대한 분노로 가득 찬 "모 교수"를 상상하는 게 합리적이고 이성적인 태도는 아닐 거라고 토를 달고 있지만 사실 메리는 엄밀한 논증이 아니라 무의식적으로 그리는 그림 한 장에서 "가라앉아 있던 진실"(31쪽)이 드러난다고 슬쩍 주장하고 만다.

그리고 "모 교수"의 분노는 여성의 열등함을 희생양으로 삼아 자신의 자아를 확대하고 싶어 하는 남성들의 지배욕을 대변한다고 지적한다. "여성은 지금까지 몇 세기 동안 남성을 두 배로 크게 보여 주는 마술적이고 달콤한 능력을 가진 거울로 봉사해 왔다."(35쪽)라고 하면서 여성을 열등한 존재로 억압하고 자신이 우월하다는 신화를 유지해 온 남성의 정복욕을 고발한다. 그런 정복욕의 "마약"에 취해서 그들은 권력과 경제력을 독점해 왔고 그들 마음속에 탐욕의 "독수리 한 마리"(38쪽)를 길렀다고 말이다.

메리는 산책하고, 길을 잃고, 밥을 먹고, 지갑을 열어 밥값을 치르고, 옆 탁자에 남겨진 신문을 일별하고, 도서관에서 책을 찾고, 집으로 돌아오는 길에 동네 사람들을 물끄러미 바라본다. 그리고 언제나, 끈질기게, 집요하게, 생각한다. 이렇게 메리의 육체의 움직임을 그녀의 사색과 결부함으로써 울프는 정신 활동의 물질성을 환기한다. 메리의 정신이 활발하게 활동하는 동안 그녀의 몸은 계속 움직인다. 생각에 빠진 그녀를 따라가면서 우리는 그녀의 몸이 머무는 공간과 소비하는 물질을 함께 경험한다.

500파운드와 방 한 칸

그렇게 우리는 울프가 강연 첫머리에 일찌감치 밝혔던 바, 여성이 소설을 쓰려면 방과 돈이 필요하다는 주장의 의미를 메리의 몸의 움직임을 통해서 실감하게 된다. 울프는 여성과 소설에 대한 진리를 딱 잘라 말할 수 없다면서 청중을 긴장시켰던 바로 그 순간에 여성과 소설에 대한 명쾌한 주장 하나를 이미 내놓았다. 바로 여성이 소설을 쓰려면 방과 돈이 필요하다는 것이다.

여성과 소설이라는 주제를 생각하며 며칠을 보내는 메리는 여성에게 방과 돈이 없다는 현실, 즉 여성 빈곤의 역사를 마주한다. 여성과 소설 사이의 모순, 즉 소설이, 혹은 소설로 상징되는 어떤 정신적 노동과 지적 활동이 여성에게 가능하지 않다는 현실이 드러난다. 여성과 소설이라는 주제가 해체되고 마는 것이다. 이런 독창적인 방식으로, 울프는 여성과 소설을 다시 이어 붙이면서, 여성에게

버지니아 울프
케임브리지에서 강연을 했던 1928년경에 찍은 것으로 알려져 있다.
대표작으로는 소설 『댈러웨이 부인』, 『등대로』, 『올랜도』, 『파도』 등과
비평서 『자기만의 방』, 『3기니』가 있다.

글쓰기가 무엇을 의미하는가라는 질문을 밀고 나간다.

예술가에게 창조적인 정신노동을 뒷받침하는 환경이 필요하다는 발상은 지금은 상식에 해당하지만, 울프의 시대에 여성 작가에게 집필 공간과 생활비가 필요하다는 주장은 얼마간 새롭고도 급진적인 것이었다. 여성 작가에게 방과 돈이 없거나 부족하다는 사실은 무엇을 의미하며, 이 결핍은 여성 작가에게 어떤 영향을 끼치는가? 여기서 『자기만의 방』의 가장 상징적인 에피소드가 나오는데, 그것은 '만약 세계적인 문호 윌리엄 셰익스피어에게 여동생이 있었다면?'이라는 도발적인 상상으로부터 시작한다.

윌리엄 셰익스피어는 라틴어와 문법과 논리학을 배웠고 일찍 결혼하고 정착하여 런던 극장가에서 일을 찾는다. 그의 여동생 주디스 셰익스피어는 오빠처럼 모험심이 많고 상상력이 풍부하고 세상을 알려고 열망하지만 학교에 다니지 못한다. 그녀는 열일곱도 안 된 나이에 동네 양털 가게 아들과 강제로 약혼한다. 현실을 견디지 못하고 가출해 런던으로 가지만 꿈을 펼쳐 보기도 전에 무대 감독의 아이를 가지게 되는 불행을 맞는다.

그녀는 결국 어느 차가운 겨울밤 "여성의 몸에 갇혀 뒤엉킨 마음의 분노와 격렬함"(48쪽)을 이기지 못하고 스스로 목숨을 끊어, 이름 없는 묘지에 묻힌다. 울프는 이 비극적인 에피소드를 상상함으로써, 16세기에 재능과 열정을 타고난 여성은 미치거나 자살하거나 혹은 조롱거리가 되어 비참한 삶을 마감했을 것이라고 말한다.

내가 꾸며 낸 셰익스피어의 이야기를 살펴보면, 16세기에 큰 재능을 타고난 여성은 누구라도 틀림없이 미치게 되어 스스로를 쏘아 죽이거나, 아니면 마을 밖의 외딴 오두막에서 절반은 마녀, 절반은 마법사가 되어 두려움 속에서 조롱을 받으며 남은 날을 마쳤을 거라는 것이 진실입니다. 타고난 천부적 재능을 써 보려던 젊은 여성이 다른 사람에 의해 좌절되고 방해받고 스스로 모순된 본능에 의해 고통 받고 산산이 분열되어 틀림없이 건강과 정신을 잃었으리라는 것은 심리학 지식 없이도 확신할 수 있는 일이지요.

— 『자기만의 방』, 49쪽

    설사 살아남아 글을 남겼더라도 분노와 원한에 의해 비틀린 글은 인정받기 힘들거나 아예 익명으로 떠돌았을 것이다. '순결'의 신화가 지배하는 사회는 여성의 문학 활동에 익명성의 굴레를 강요하고, 그것을 내면화한 결과 "여성 작가의 핏속엔 익명이 흐른다." (50쪽) 그러니 과거에 글을 썼던 여성 작가는 그 누구도 행복하기 어려웠고, 그런 상태에서 훌륭한 글이 나올 수 없었다.
    메리가 밥값을 지불하려 지갑을 열며 고백하듯이, 그녀는 운 좋게도 500파운드의 유산을 물려받음으로써 생활고에서 해방됨과 동시에 평정심과 연민과 아량과 여유를 가지게 되어 "사물을 있는 그대로 볼 자유"(39쪽)를 경험한다.[6] 주디스 셰익스피어처럼 인생을 망치지 않기 위한, 최소한의 환경을 갖추게 된 것이다. 혼자만의 힘이 아니라 우연히 인도에서 돌아가신 친척이 물려준 유산 덕분에 이

것이 가능해졌다는 데에는 복합적인 아이러니가 있다. 뜻밖의 행운 없이는 여전히 여성의 경제적 독립을 달성하기 힘들다는 점을 암시하는데, 그 행운이 하필 인도라는 영국 식민지를 경영한 결과로 나온 것이어서 거기서 나온 경제력으로 "사물을 있는 그대로 볼 자유"를 누리는 것은 더더구나 죄의식 없이는 불가능하다.

울프는 여성이 재산권을 가져 본 적 없고 물질의 소유를 누려 본 적 없다는 사실과 그 사실이 너무나 당연하게 받아들여져 온 현실의 부당함을 환기하고, 이제 막 직업 세계에 진출하고 경제력을 가지기 시작한 여성들을 격려한다. 동시에 당대 영국의 현실에서 돈을 번다는 것 자체가 함의하는 착취적이고 탐욕적인 본질에 대한 깊은 의구심을 품는다. 울프는 피해자이면서 가해자인 애매한 처지에 결부된 윤리적 고민을 회피하지 않으면서도 여성이 직업을 가지고 사회 활동을 하고 경제력을 가지는 것이 바람직하다는 믿음을 피력한다.

주디스 셰익스피어의 불행에 대비되는 윌리엄 셰익스피어의 행운은 그가 방과 돈이 허용한 "사물을 있는 그대로 볼 자유"를 누릴 수 있다는 것이다. 그의 정신은 분노와 원한으로 얼룩지지 않았다. 메리는 "셰익스피어에 대해 아는 것이 없는 이유는 아마도 그의 원한이나 악의나 반감이 우리에게 감춰져 있기 때문"(56쪽)이라고 말한다. "항의하고, 설교하고, 상처 주겠다고 선포하고, 원한을 갚고, 세상을 역경과 불만의 증인으로 만들려는 모든 욕구가 불살라진"(56~57쪽) 상태에서 셰익스피어의 언어는 자유롭게 흘러나왔다.

제인 오스틴의
자유

    16세기 르네상스 문화의 풍요 속에서 꽃핀 윌리엄 셰익스피어의 자유는 19세기 초 여성 소설가 제인 오스틴의 정신세계에서 기적처럼 구현된다. 울프는 방과 돈이 필요하다고 말하지만, 역설적이게도 자신이 존경하는 예술가 오스틴은 방과 돈 없이도 훌륭한 작품을 썼다고 말한다. 오스틴에게는 "사물을 있는 그대로 볼 자유"가 있었기 때문이다. 오스틴의 작품에는 분노와 원한의 흔적이 없고, 그래서 오스틴의 작품에 대해서는 알지만 오스틴에 대해서는 아는 게 없으며, 바로 그것이 위대한 예술가의 운명이다.

    사람들이 제인 오스틴을 셰익스피어에 비교하는 것은 두 사람 모두 온갖 방해물을 태워 없앴다는 점 때문입니다. 그런 이유로 우리는 제인 오스틴을 알지 못하고 셰익스피어를 알지 못하며 그런 이유로 제인 오스틴은 그녀가 쓴 모든 단어에 스며들어 있고 셰익스피어도 그렇죠. 제인 오스틴이 어떤 식으로든 환경 때문에 고생했다면 그것은 그녀에게 부과된 삶의 협소함이었어요. 여자가 혼자 돌아다닐 수 없었어요. 여행도 하지 못했어요. 버스를 타고 런던을 다녀 본 적도 없고 혼자 가게에서 점심을 사 먹은 적도 없어요. 그렇지만 자신이 갖지 못한 것은 원하지 않는 것이 아마 그녀의 천성이었는지도 모르겠어요.

——『자기만의 방』, 68쪽

셰익스피어와 오스틴은 분노에 찌들지 않은 자유로운 감수성을 지녔다. 울프는 이를 "진정성(integrity)"이라 정의한다. 진정성이란 단순히 일상생활에서 도덕적인 정직함과 엄격함을 실천하는 태도를 뜻하지 않는다. "이것이 진실이다."(92쪽)라는 내면의 확신을 따르는 치열함, 총체적인 진실 추구의 힘이 진정성이다.

진정성은 작가마다 다르다. 울프는 "여성의 가치는 남성에 의해 만들어진 가치와 다르다."(73쪽)라고 주장한다. 여성 작가는 남성의 문장을 흉내 내서는 진정성을 발휘할 수 없다고 단언한다. 여성 작가는 "어머니를 통하여 거슬러"(76쪽) 올라가야 한다고 말한다. 여성의 전통은 빈약하지만 그 빈약함 때문에 희소성이 높고 또 깊이 연구할 여지가 많다. 그리고 여성의 전통을 연구할수록 기존의 가부장적 문학 규범을 벗어난 새로운 서사의 가능성에 주목하게 될 것이고, 거기에서부터 여성 문학의 미래를 그려 볼 수 있다.

축구가 중요하고 패션이 하찮다는 선입견, 전쟁에 관한 책은 중요하고 응접실에서 여성이 느끼는 감정을 다룬 책은 무의미하다는 고정 관념, 여기에 밴 성별 위계와 차별 구조는 남성 중심적인 문화의 소산이다. 패션을 말하고 응접실에서 느낀 감정을 말한다고 자동적으로 가치 있는 소설이 되지는 않겠지만, 패션과 감정에 대해 말하는 법을 연습함으로써 적어도 여성 소설가가 자신의 진정성을 실천할 토대를 가지게 된다는 점이 중요하다.

과거의 여성 소설가들은 "움츠러들지 않고 자신이 본 대로 사물을 고수하는"(74쪽) 데 실패했기 때문에 이름을 남기지 못했다.

그녀는 자신이 '단지 여자'일 뿐이라고 인정하거나 '남자만큼 훌륭하다'고 항변합니다. 기질이 지시하는 대로 착하고 소심하게 혹은 화내고 저항하며 비판에 맞섰어요. 어느 쪽이었는지는 중요하지 않아요. 그녀는 사물 자체가 아니라 다른 걸 생각하고 있었으니까요. 갑자기 그녀의 책은 썩은 사과처럼 우리 머리 위에 툭 떨어집니다. 중심부에 결함이 있었던 거죠. 나는 상처 난 작은 사과처럼 런던의 헌책 가게에 흩어져 있는 모든 여성 소설에 대해 생각해 봤습니다. 그것을 썩게 한 것은 중심에 있는 결함이었어요. 그녀는 다른 사람들의 의견에 복종하여 자신의 가치를 바꾸었습니다.
—『자기만의 방』, 74쪽

남성 중심적인 문화가 규정한 여성성에 순응하고 복종하느냐, 혹은 그 반대로 분노하고 저항하느냐를 이분법적으로 판단하는 것보다 긴요한 일은 자신의 가치를 밀고 나가는 진정성이 있느냐를 살펴보는 일이다. "순전히 가부장제 사회의 한가운데서 모든 비판에도 불구하고 움츠러들지 않고 자신이 본 대로 사물을 고수하는 것은 엄청난 천재성과 진정성을 요구하는"(74쪽) 일이므로 여성 소설가에게는 남다른 소신과 배포가 있어야 한다.

여성 소설가가 예술적 열망을 포기하지 않으려면 자신이 본 것을 그대로 말해야 하고, 그렇게 하려면 순도 높은 진정성을 품어야 한다. 의도적으로 남성처럼 써서도 또 남성처럼 쓰지 않아서도 안 된다. 기준이 남성이 아니어야 하기 때문이다. 진정성이란 결국 작가 자신의 목소리로 쓸 때에만 보장되는 것이다. 제인 오스틴이 바로 여기에 해당하는 거의 유일한 경우다. 오스틴은 어설프게 누구의 문장을 따라 하지 않았고 "자신의 용도에 맞게 완벽하게 자연스럽고 멋진 문장을 만들었고 결코 거기에서 떠나지 않았다."(77쪽)

│더 살펴보기

버지니아 울프와
블룸즈베리 그룹

　　버지니아 울프의 어머니 줄리아 덕워스는 명문가의 딸로서 아름다운 외모로 유명했다. 그녀는 첫 결혼에서 아들 둘과 딸 하나를 얻었으나 남편이 죽고 말았다. 울프의 아버지 레슬리 스티븐은 부유하고 덕망 있는 상류층 집안 출신으로 케임브리지를 졸업한 후 잡지 편집과 문학 비평에 종사했던 유망한 지식인이었다. 결혼 후 십 년도 안 되어 아내가 죽고 지적 장애를 앓는 딸과 단둘이 남겨졌다. 각자 자식을 데리고 재혼한 이들은 두 딸과 두 아들을 더 낳아 팔 남매의 대가족을 이루었다. 울프는 이 집안의 일곱째이자 막내딸로 1882년 런던에서 태어났다.

　　아버지가 데리고 온 딸은 정신 병원을 전전함으로써, 그리고 어머니가 데리고 온 아들은 어린 울프를 성적으로 학대함으로써, 그녀에게 씻을 수 없는 정신적 상처를 남겼다. 열세 살 때 어머니를 잃은 것에 크게 상심한 후 그녀는 죽을 때까지 두통과 불면과 우울로부터 자유롭지 못했다.

　　어린 시절 그녀의 정신세계를 지배했던 또 다른 풍경은 아버지 레슬리 스티븐의 열정적인 글쓰기였다. 영국 인명사전 편찬이라는 중책을 맡은 스티븐은 스물여섯 권을 거의 혼자 힘으로 쓰고 편집했다. 오빠와 남동생이 케임브리지에서 수학하는 동안 울프는 언니 버네사와 함께 겉으로는 아버지를 수발하면서 집안 살림을 챙기는 딸의 의무를 다했지만 속으로는 아버지와 남자 형제들이 하는 독서와 글쓰기가 언젠가 그들 운명의 일부가 되리라 예감했을 것이다.

1904년 아버지의 장례를 치른 후 울프의 집은 블룸즈베리 지역의 고든 스퀘어로 이사했다. 오빠와 남동생이 케임브리지 친구들을 목요일 저녁마다 집으로 불러들여 모임을 벌이기 시작하자 울프는 언니와 함께 여기에 합류했다. 문학 비평가 리턴 스트레이치, 장차 형부가 되는 화가 클라이브 벨, 미학자 로저 프라이, 경제학자 메이너드 케인스, 그리고 장차 남편이 되는 레너드 울프 등이 모여서 문학과 철학과 미학과 정치와 예술을 토론하던 블룸즈베리 그룹은 이렇게 탄생했다.

블룸즈베리 모임은 대학 교육에서 소외되었던 울프에게 지적 갈증을 풀어 주는 영감의 원천이었을 뿐 아니라 20세기 초반 영국 지성사의 중요한 흐름을 대변하는 지적 공동체였다. 울프는 이때부터 간단한 서평을 써서 돈을 벌기 시작했다.

울프는 1912년 서른 살에 결혼했다. 레너드와 울프는 런던의 리치먼드 지역에 호가스 출판사를 차렸다. 취미로 시작한 일이었는데, 울프의 소설뿐 아니라 블룸즈베리 그룹에 속했던 지인들의 저서와 외국 문학 등을 출판하면서 주요 출판사로 자리를 잡는다. 울프는 1915년 첫 소설 『여행』을 내고, 1920년대에 『댈러웨이 부인』, 『등대로』, 『올랜도』를 차례로 발표하면서 탄탄한 명성을 얻었다.

소설가로서의 이력에 전환점이 된 작품 『올랜도』의 실제

모델 비타 색빌웨스트는 동성애자로 널리 알려진 소설가이다. 울프는 그녀를 1922년에 만나서 1929년까지 친밀한 관계를 유지했다. 1930년대에는 『파도』와 『세월』이 나왔다. 1940년 런던의 아파트가 폭격당하자 영국 남부 서섹스 지방의 시골 마을 로드멜에 정착했다. 여기서 마지막 작품 『막간』을 남기고 1941년 2월 강가에서 자살로 생을 마감한다.

울프는 가난했던 적이 없다. 많은 나라와 지역을 여행했으며, 늘 혼자만의 방을 가졌고, 집을 들락거리던 지식인들과 예술가들과 교류했고, 정식 대학 교육을 받진 못했지만 배우고 싶은 언어와 과목을 마음껏 배우고 가르칠 기회를 가졌다. 소설가로서의 이력도 평탄하고 성공적이었다. 하지만 어머니와 형제자매의 이른 죽음을 목도해야 했고, 정신과 육체가 모두 해체되는 듯한 지독한 신경 쇠약과 우울로 평생 고통스러워했고, 유럽을 집어삼킨 제국주의 전쟁과 파시즘의 광기에 절망했던, 상처 받은 영혼이기도 했다.

한마디로 요약하기는 불가능하지만, 울프의 모든 글은 새로운 말하기 방식을 모색하는 실험의 연속이라 할 만하다. 전지적 작가 시점, 일상의 리얼리즘, 연속적인 시간성, 사회 통합적인 이데올로기에 충실한 19세기적 글쓰기의 문법을 교란하면서, 다양한 서술 전략을 시도했다. 『자기만의 방』도 예외가 아니다. 복수의 화자, 복수의 시점, 복수의 시간성, 복수의 진리를 겹쳐 놓은 특유의 서술 방식은 이를 잘 보여 준다.

5장

닫힌 방의 저주와 열린 방의 도전

울프의 화자 메리는 셰익스피어와 오스틴의 시대를 지나 이제 20세기 문학을 동시대인의 눈으로 읽는다. 여기에서 또 한 명의 메리가 등장한다. 가상의 소설가 메리 카마이클이다.

메리 카마이클이 쓴 소설에서 두 여주인공 클로이와 올리비아는 서로 사랑하는 사이이고 이들의 직업은 연구원이다. 지금까지 소설 속의 여주인공이 "반대 성에 의해서만이 아니라 반대 성과의 관계로만 보여지는"(82쪽) 역사를 가졌다면, 이제 메리 카마이클의 현대 소설에서 지금까지 나타나지 않았던 여성의 삶의 다른 측면, 즉 가정 공간의 바깥에서 연구원이라는 낯선 직업을 가진 두 여성이 서로 사랑하는 모습이 드러난다.

클로이가 올리비아를 사랑하고 메리 카마이클이 그걸 표현하는 법을 알기만 한다면, 지금까지 누구도 가 본 적 없는 광활한 방에 횃불을 환하게 밝히는 셈입니다. 촛불을 들고 아래와 위를 비춰 가며 어디를 밟고 지나는지도 모른 채 더듬게 되는 동굴처럼 어두운 불빛과 짙은 그림자로 가득 찬 그런 방. 나는 계속 책을 읽습니다. 올리비아가 선반 위에 병을 올려놓으며, 퇴근해서 아이들을 만날 시간이라고 말하는 것을 클로이가 지켜보는 장면이죠. 나는 이런 장면을 소설에서 본 적이 없어요. 기록된 적 없는 저 동작들과 그 절반도 표현된 적이 없는 저 말들을 메리 카마이클이 어떻게 포착할지 정말 궁금합니다. 남성의 변덕스럽고도 화려한 빛에 의해 밝혀지지 않은, 여성들만 있는 방의 천장에 비친 나방의 그림자처럼 희미하게 보이는 그것들을 말이죠. 메리는 숨을 죽이고 봐야 할 거예요. 여성들은 누가 별 동기 없이 관심을 가져 주면 워낙 의심스러워하는 데다 숨기고 억압하는 걸 무지 잘하기 때문에 자기네들을 관찰하는 눈이 한순간 깜빡하는 동안 사라져 버릴 겁니다.

—『자기만의 방』, 84쪽

메리 카마이클이 보여 준 새로운 여성 인물은 "천장에 비친 나방의 그림자"라는 오묘한 비유가 시사하듯이, 알 듯 말 듯 신비롭다. 이런 새로운 주제를 포착하는 여성의 글쓰기는 놀라운 창조력으로 충만하지 않으면 안 된다. 화자는 여성 소설가에게 과연 이런 눈부신 창조력이 있었는지를 남성이 주도해 온 역사 속에서 직접 증명하기는 어렵다고 인정한다. 그 대신 창조력을 발휘한 위대한 남성들이 여성으로부터 영감을 얻었던 사례를 환기하는 방식으로 여성의 창조력을 증명하려 한다.

여성들의 창조력은 "사방의 벽들이 그들의 창조력으로 물들어 있는"(87쪽) 방에서 나온다. 메리 카마이클이 앞으로 훌륭한 소설을 쓰려면 상류층이 아닌 하류층의 여성들이 앉아 있는 "작고 냄새나는 방"으로 "친절하게, 얕잡아 보지 않고 동료애의 정신으로"(88쪽) 걸어 들어가야 한다. 그렇게 해서 메리가 클로이와 올리비아의 이야기뿐만 아니라 평범해 보이는 가게 점원을 여주인공으로 한 소설을 쓴다면 그것은 예컨대 "150번째 나폴레옹 전기나 70번째 키츠 연구서"(90쪽) 같은 남성의 이야기를 반복적으로 쓰는 일보다 훨씬 중요해질 것이다.

성(性)을 의식하지 않는 글쓰기

과감하게 클로이와 올리비아의 이야기를 쓴 메리 카마이클은 "더 나은 재능을 지닌 여성들이 불과 반세기 전에도 가질 수 없었던 유리한" 환경 속에서 "폭넓고 열정적이고 자유로운 감수성"(92쪽)으로 소설을 쓰는 신세대 여성 작가이다. 그녀는 "자신이 여성이라는 것을 잊어버린 여성으로서 글을 썼고 그녀의 글은 성이 그 자체를 의식하지 않을 때 도래하는 진기한 성적 특성으로 가득 차 있다."(93쪽)

이분법적인 성 관계에 얽매이지 않는 자유로움은 현대 여성 작가가 품어야 할 진정성의 핵심이다. 메리 카마이클에게 방 한 칸과 500파운드를 마련해 주고 지켜본다면, 아마도 백 년이 흐른 다음 도서관의 서가에 클로이와 올리비아의 사랑을 그린 소설만이 아니라 영국 문학이 전쟁을 겪으면서 영원히 잃어버린 19세기 연애시의 조화롭고 풍부한 감성마저 되살린 멋진 시집 한 권이 꽂혀 있을지도 모른다.

메리 카마이클의 작품에 대해 얘기하던 화자 메리는 창밖으로 젊은 남녀 커플이 함께 택시를 타고 사라지는 광경을 목격하고 문득 "마치 분열된 후에 다시 합해져서 자연스러운 융합이 이루어지는 것처럼"(98쪽) 마음의 통일감을 느낀다. 양성적인 마음을 가진다는 것은 반대 성을 가진 이의 요구를 잘 받아 준다는 정도의 의미에 머물지 않는다. 이분법적인 권력관계를 전제한 상태에서 배려하고 헌신하는 마음을 가진다고 양성성이 실현되지는 않는다. 그보다는 아예 반대 성을 구별하지 않는 마음, 즉 성 구별의 질긴 관습으로부터 자유로운 마음이 양성성이다.

> 콜리지가 위대한 마음은 양성적이라고 했을 때 그것이 여성과 특별한 공감대를 가진 마음, 여성의 주장을 받아들이거나 여성을 해석하는 데 헌신하는 마음을 의미하는 것은 아닙니다. 양성적인 마음은 자기의 성에 집착하는 단성적인 마음이 아니고, 이런 구분 자체에 관심이 없어요. 콜리지의 양성적인 마음은 공명을 잘하고 침투성이 좋다는, 그런 마음은 걸림 없이 감정을 전달한다는, 그런 마음은 자연스럽게 창조적이며 백열광(incandescent)을 발산하고 분열되어 있지 않다는 것을 의미했을 겁니다. 셰익스피어의 마음이 바로 여성적 남성의 마음, 양성적 마음이에요. 셰익스피어가 여성

을 생각했는지는 모르겠지만요. 성을 특별히 분리해 생각하지 않는 정도가 온전히 발달된 마음의 지표 중 하나라면, 예전의 어느 때보다 오늘날에 그런 마음 상태에 도달하기가 훨씬 어려워졌습니다. 현재 활동하는 작가들의 작품을 보면서 나는 오랫동안 생각해 온 문제의 뿌리가 뭔지 알게 되었어요. 우리 시대처럼 거칠게 성을 의식하던 때가 없었어요. 여성에 대해 쓴 남성 작가들의 이 많은 작품들이 확실하게 보여 주고 있어요.

—『자기만의 방』, 98~99쪽

양성성은 성을 의식하지 않는, 성을 망각하는, 일종의 '놓여남'의 경지이다. 남성과 여성이 서로를 의식하고 비난하고 저항하고 억압하려 하면 할수록 거칠고 노골적이고 암시력이 떨어지는 산문적인 글을 쓰게 되고, 타고난 성적 정체성에 충실하면 할수록 단조롭고 공격적인 글을 쓰게 된다. "남성적 여성"과 "여성적 남성"으로 남아 있을 때, 그 환원할 수 없는 미묘한 이질성이 희생되지 않고 남아 있을 때, 작가의 진정성도 제대로 살아나고 작품의 생명력도 유지된다.

불행하게도 메리가 살고 있는 시대는 성을 깊이 의식하는 시대이다. 한편으로는 여성 해방 운동에 대해 남성이 굉장히 민감하게 반응하면서 방어적으로 글을 쓰고 있고, 다른 한편으로는 전투적인 남성성을 전면에 내세운 파시즘의 기운이 유럽에 불안하게 드리워 있다. 단순하고 자기중심적인 선동가와 개혁가가 판치는 시대를 한탄하면서 메리는 마지막으로 "작가가 자기의 성을 생각한다는 것은 치명적이다."(104쪽)라는 말을 남기고는 택시를 탄 남성과 여성이 거대한 삶의 물결 속으로 사라지듯 사라져 버린다.

현대 소설가 메리 카마이클의 미래가 온전하게 실현되려면 그녀는 여성이라는 사실을 의식하고 여성처럼 써서는 안 된다. 울프는 "창조의 행위가 완성되기 전에 남성과 여성의 마음에 협동이 일어나야 한다. 반대 항의 결혼이 맺어져야 한다."(104쪽)라는 말로 여성성을 일방적으로 내세우는 서사를 경계한다.

클로이와 올리비아가 서로 사랑하는 이야기를 써야 한다고, 가게 점원 아가씨의 삶을 추적하라고, "천장에 비친 나방의 그림자" 같은 미묘한 순간을 포착하는 여성의 창조력을 발휘하라고, 그렇게 해서 남성에게 "스스로 보지 못하는 머리 뒤에 동전만 한 점이 있다."(90쪽)라는 사실을 알려 주는 우정을 베풀어야 한다고 말했던 화자가 이제 와서 여성의 성을 의식하고 쓰면 결코 오래가지 못한다고 말하면서 양성성을 옹호하는 것은 자기모순인가? 그렇지 않다. 가게 점원 아가씨의 삶에 관심을 가지고 그것을 써야 한다고 말할 때 화자는 "나폴레옹 전기"나 "키츠 연구서" 같은 책들만 인정받는 남성 중심적 문화를 비판하면서 여성 작가는 그런 기존 가치 체계에 편입되려 하지 말고 자기가 본 것을 밀고 나가는 진정성을 품어야 하며 그랬을 때 남성이 "스스로 보지 못하는 머리 뒤에 동전만 한 점"과 같은 어떤 진실을 드러낼 수 있다고 주장한 것이다. 여성 작가가 여성의 대변자가 되어 여성에게 호소하는 글을 써야 한다고 주장한 것이 아니다.

　양성적으로 써야 한다는 말은 단성적인 글쓰기, 즉 이미 정해진 기존의 젠더 규범을 답습하여 새로운 기운이나 조짐이나 여운 없이 단조롭고 예측 가능한 글쓰기를 경계하고 비판하려는 의도이지, 어떤 기계적인 의미로 양성의 균형을 추구하라는 뜻이 아니다. 반대 성을 반반씩 담는다고 양성적인 글쓰기가 성취되지 않음은 물론이거니와 반대 성을 절반씩 가진 상태를 의식적으로 추구할 수 있는지도 의심스럽다. 양성적인 글쓰기에서도 가장 중요한 것은 그것이 자신에게서 나온 창조력의 소산이어야 한다는 점이며, 그런 점에서 양성성은 이미 설명했던 진정성과 일맥상통한다.

"백열광" 같은 마음

　진정성과 양성성을 역설한 메리의 행적이 멈춘 지점에서 다시 등장한 울프는 글쓰기는 인간의 존엄함을 보여 주는 일이므로 움츠러들지 말고 많이 써야 한다고 말함으로써 글을 쓰려는 여성 작가 지망생들을 격려한다. "무슨 수를 써서라도 여행을 하고 빈둥거리고 세계의 미래와 과거를 사색하고 책을 보고 몽상에 잠기며 길모퉁이를 어슬렁거리고 상념의 낚싯줄을 강물에 깊이 드리울 수 있기에 충분한 돈을 스스로 소유하게 되기를"(109쪽) 바라며, 더 많은 책을 써서 "실재(reality)를 찾아내고 모아들이고 다른 사람에게 전달하는" (110쪽) 임무를 수행해야 한다고 조언한다.

마지막으로 울프는 여성의 사회 진출과 성공 기원으로 끝나는 상투적인 인사말을 거부하겠다고 덧붙인다. 여성에게 남성처럼 성공하여 세상을 변화시키라고 말하는 대신 울프는 "그저 다른 무엇이 되기보다 자기 자신이 되는 것이 훨씬 중요하다."(111쪽)라고 강조한다. "자기 자신"은 진공에서 창조되는 자아라기보다 역사 속에서 재구성되는 주체이다. 그렇기 때문에 "자기 자신"이 될 때, 글 한 줄 남기지 못하고 죽은 주디스 셰익스피어가 우리의 몸을 빌려서 살아 돌아올 수 있다.

> 우리가 연 500파운드와 자신의 방을 가진다면, 우리가 자유의 습관과 자신이 생각하는 바를 그대로 써 내려가는 용기를 가진다면, 우리가 공동 응접실을 벗어나 인간을 늘 상호 관계가 아니라 실재와의 관계에서 보게 되고 또한 하늘과 나무를 혹은 무엇이든 그것을 그 자체로 보게 된다면, 어떤 인간도 시야를 막아서는 안 되므로 밀턴의 악령을 넘어 바라보게 된다면, 매달릴 팔은 없으며 다만 우리는 홀로 나아가고 남자와 여자의 세계뿐 아니라 실재의 세계와도 관계를 맺고 있다는 사실을 직면한다면, 그러면 기회는 올 것이고 셰익스피어의 누이였던 죽은 시인이 그렇게 자주 내던졌던 육체를 입게 될 것입니다. 그녀는 그녀의 오빠가 그랬듯이 앞서 살았던 무명 시인의 삶으로부터 자신의 생명력을 끌어내어 태어날

것입니다. 그런 준비 없이, 우리 쪽에서 그런 노력 없이, 즉 그녀가 다시 태어났을 때 이제 살아가고 시 쓰는 일이 가능하다는 것을 알도록 하겠다는 결심 없이, 그녀가 다시 온다는 것을 기대할 수 없습니다.

— 『자기만의 방』, 113~114쪽

주디스 셰익스피어의 불행은 현대 여성 작가의 마음에 그림자를 드리운다. 현대 여성 작가는 과거의 무거운 역사와 현재의 순간과 미래의 희망이 하나로 융합하는 경험을 감당할 수 있어야 한다. "어머니를 통하여 거슬러" 올라가되 그것을 답습하지 않고 자기 자신의 언어를 찾아야 한다.

기존의 이분법적이고 위계적인 남녀 관계의 틀로 성을 사고하지 않는 자유로운 글쓰기를 통해서 "실재"와 접촉하는 언어를 창조해 내는 것이 여성 작가의 임무이다. 여성 문학의 요체는 여성이 자기의 생각을 말하는 데에 있다. '자기'를 (남성이 아닌) 여성으로 정의하는 데 머물지 말고 하나의 "실재"로 끌어올릴 때 여성 소설가의 작품은 위대한 문학으로 도약할 수 있다. 울프가 전망하는 여성 문학의 미래는 "실재"의 세계를 담아낸다는 위대한 문학의 미래와 조금도 다르지 않다.

울프의 강연은 애초에 그녀가 기획했던 대로 여성과 소설에 관한 평범한 주장을 반복하거나 요약된 "진리"를 주는 대신 성찰을 요청하는 복잡한 화두를 던진다. 울프의 강연에는 남성 중심적인 문화에 대한 신랄한 비판, 문학 활동을 할 동료 여성에게 주는 실제적인 충고와 위안, 여성 문학의 전통에 대한 자부심과 희망 등이 녹아 있는 한편, 작가의 진정성은 분노로부터 풀려난 마음에서 나오며 위대한 문학은 성을 의식하지 않는 양성적인 마음에서 나온다는 예술 창조의 원리가 깊이 배어 있다.

분노를 스스로 태워 버린 "백열광" 같은 환하고 자유로운 마음이란 흔히 생각하듯 용서, 화해, 관용과 같은 도덕적 태도 혹은 기계적인 중립을 지키는 객관적 태도를 의미하지 않는다. "백열광" 같은 마음은 글을 쓰기 위한 준비 과정이라기보다 글을 쓰는 창작의 과정, "진리"를 꿰뚫어 보고 "실재"를 추구하는 창조적인 과정 자체가 주는 치유의 선물일 것이다. 아예 성에 대한 의식을 버리고 시작하는 마음 자세라기보다 "진리"를 추구하는 과정에서 성에 대한 의식이 걸림돌이 되는 상황을 피할 수 있도록 해 주는 어떤 자기 극복과 자기 변신의 힘, 이것이 위대한 예술 창조의 원천인 "백열광" 같은 마음이다.

주디스 셰익스피어가 한 줄이라도 글을 쓸 수 있었다면, 후대에 이름을 남길 걸작을 쓰진 못했을지라도 분노로 헤집힌 지옥 같은 마음만은 한순간이나마 백열광처럼 타오를 수 있었을지도 모른다. 바로 이런 맥락에서, 다시 말해 예술 창조의 기회를 균등하고 공평하게 가질 사회적 조건이라는 맥락에서, 여성에게 방과 돈이 필요하다는 것이다.

잔디밭과 도서관 정문과 교회 입구에 서서 그곳에 당당하게 들어가지 못하는 메리는 이 세상 온갖 문의 자물쇠가 잠기는 소리를 환청으로 들으면서 "문이 잠겨 못 들어가는 것은 얼마나 불쾌한 일인가. 그런데 문이 잠겨 나오지 못하고 갇혀 있는 것은 어쩌면 더 고약한 일이 아닐까."(24쪽)라고 탄식한다. 메리는 잠긴 방 앞에서 그 방에 들어가기를 욕망하지 않는다. 잔디밭에서 쫓겨나고 도서관에 못 들어가고 스쳐 지나는 방마다 자물쇠가 잠긴다 할지라도, 당장 방에 들어갈 권리를 획득하는 것보다 뻑뻑해져 가는 마음의 문틈 사이에 계속 기름을 칠하면서 자신을 온전하게 담아내는 글을 쓰는 것이 더 중요하다. 그리고 누군가를 바깥에 두고서 방에 들어가는 게 과연 정당한지, 그리고 그렇게 들어간 방에서 바깥세상과 단절되는 게 과연 좋은지를 질문하면서, 자유롭게 드나들 수 있는 자기만의 방을 스스로 개척하라고 주문한다.

  울프는 방을 가지지 못한 여성의 차별적 처지에 주목함으로써 공간 배치의 권력과 소유의 불평등을 날카롭게 비판하지만, 방 하나를 누구에게 내어 준다고 문제가 해결된다고 보지는 않는다. 방을 가지는 것은 중요하지만, 그보다 더 중요한 것은 방의 폐쇄성에 함몰되지 않으면서 언제나 새롭게 자기만의 방을 열어젖히는 일이다. 여성 문학의 산실이 될 자기만의 방, 주디스 셰익스피어와 윌리엄 셰익스피어의 영혼이 함께 머무는 이 방에서 진정성과 양성성이 발현되는 "백열광" 같은 마음이 나타날 때 위대한 여성 문학이 탄생한다.

자기만의, 열린 방

　여성과 소설을 주제로 한 울프의 강연은 처음부터 여성과 소설에 대한 어떤 본질을 캐내거나 자명한 진리를 제공하는 데에 목적을 두지 않았다. 오히려 여성과 소설을 각각 어떤 본질이나 진리로 환원하지 않으려고 노력하면서, 여성과 소설의 관계를 철저하게 역사화하려 애쓴다. 말하는 사람이 확실하게 정해져 있는 강연인데도 불구하고 메리라는 화자를 등장시키고 또 성을 바꿔 가며 같은 듯 다른 듯한 메리를 번갈아 등장시킴으로써 보편적인 명사로서 하나의 여성을 해체하되 여성들 사이의 연속성을 획득한다.

　메리는 생물학적 본질로서의 여성으로 굳어지지 않고 여러 세대에 걸친 메리'들', 즉 열세 명의 아이를 낳아 기르고 살림하느라 대학에 한 푼도 기부하지 못한 어머니, 인도에서 사고로 죽으면서 나에게 유산을 남겨 준 이모, 케임브리지의 잔디밭과 도서관에서 쫓겨나는 나, 촉망받는 소설가 메리에 이르기까지 역사를 이어 온 여성들로 구체화된다.

　소설은 교육받은 중간 계급 여성들이 오랜 세월 그들의 방에 유폐된 채 길어 올린 창조력으로 써 내려간 리얼리티를 담은 형식으로서 19세기 초에 오스틴 같은 탁월한 소설가에 의해 여성적 세계의 기록으로 자리매김했다. 그런데 울프는 소설이 20세기를 거치며 계속 진화하고 있어서 그 미래를 알 수 없다고 전망한다. "사물을 있는 그대로 볼 자유"가 있다면 양성적이고 통합적인 글쓰기가 나올 것이고, 그것은 소설이 아닐 수도 있다.

『자기만의 방』은 여성에게 방과 돈이 없으면 아무것도 쓸 수 없다는 식의 단순한 현실 고발이 아니다. 여성의 억눌린 분노를 표출하거나 혹은 감추거나 하면서 남성 권력의 헤게모니와 투쟁하라고 선동하지 않는다. 울프는 여성과 소설이 여성'만'의 특정한 유형의 소설을 지지하는 영토화의 논리로 굳어지는 것을 원하지 않는다. 앞에서 언급한 바 있는 여성의 열등함을 연구해 온 "모 교수"를 다루는 방식을 보자. "모 교수"의 얼굴을 그리던 메리는 "모 교수"를 향한 자신의 분노가 끓어오르는 것을 느낀다. 바로 이런 종류의 분노가 "모 교수"로 하여금 여성의 열등함을 계속 연구하게 했으리라고 깨달으면서 메리는 자신의 분노와 "모 교수"의 분노가 상대방을 정복하고 지배하려는 거친 욕망에 맞닿아 있다고 파악한다. 그렇다면 "모 교수"의 얼굴을 그린 다음 그것을 짓이겨 보았자 아무것도 달라지지 않는다.

그 순간 메리는 식사 값을 지불하느라 사색을 멈추고, 갑자기 자신의 지갑에서 나오는 돈의 출처로 인도에서 죽은 이모가 남긴 유산을 언급한다. 이 유산 덕분에 메리는 밥벌이의 지긋지긋함과 불안함, 거기서 오는 세상에 대한 원한, 또 거기서 나오는 세상에 대한 왜곡된 판단을 극복할 수 있다. 유산은 500파운드, 바로 울프가 여성 작가에게 필요하다고 선언한 그 액수의 돈이다. 그 이상을 벌기 위해 사무실로 걸어 들어가는 "주식 투자자"와 "변호사"를 메리는 "연민과 아량"(39쪽)으로 지켜본다. 분노하고 저항하는 대항의 논리, 기계적인 평등의 논리, 그리고 복수의 논리 위에 여성 문학을 세우는 것은 예술의 진정성을 훼손하는 길이다. 오로지 자신의 "몸에 맞는"(78쪽) 논리를 스스로 세우고 글을 써 나가는 수밖에 없다.

울프가 강조하는 진정성과 양성성은 여성이 독점할 수 있는 자질이 아니다. 누구에게나 열려 있는 창조적 가능성이자, 그 자체로 완결적이고 확고한 내용을 담고 있다기보다 미래를 향해 열려 있는 미완의 희망이기도 하다. 그렇다고 울프의 저서가 예술 창조의 고전적인 원리와 아무런 차이가 없는 일반적인 원칙을 천명하는 데 머물고 말았다고 볼 수는 없다. 진정성과 양성성이 모두에게 열린 가능성이라고 해도 이를 획득하는 과정의 구체적인 노동이 누구에게나 똑같은 방식으로 실행되지는 않을 것이다. 즉 물려받은 역사와 경제적 현실뿐 아니라 몸이라는 물질적 환경이 여성 작가와 남성 작가에게 다르게 개입하기 때문에 이들의 진정성은 서로 다른 방식으로 발현될 수밖에 없고 여성 작가들 사이에서도 차이가 있을 수밖에 없다.

울프가 진정성이 살아 있는 여성적 글쓰기의 전범으로 칭송한 제인 오스틴의 소설에서 본 것은 여성(의 몸)으로 살아가는 삶의 "실재"다. 여성화의 문화가 지배하는 곳에서 여성 작가가 할 수 있는 최선은 그저 자기 자신이 되어 여성의 삶을 있는 그대로 그리는 길뿐이다. 이는 곧 여성화에서 '화(化)'를 탈주하여 '여성'을 찾는 길이다. 하나의 단일한 정체성으로서의 여성이나 타고난 본질로서의 여성성이 아니라 역사적 지평에서 언제나 열린 가능성으로 존재하는 여성을 말이다.

│더 살펴보기

여성적 글쓰기와 양성성

울프는 소설 이외에도 빼어난 문학 비평과 사회 비평, 그리고 방대한 일기를 남겼다. 소설이 아닌 작품 가운데에서는 『보통 독자』와 『자기만의 방』이 많이 읽히는 편이다. 먼저 출판된 『보통 독자』에서 이미 울프는 나중에 『자기만의 방』에서 드러나는 문학관을 피력한다. 영국 인명사전에 헌신했던 아버지의 영향 덕분인지 울프는 영문학 역사에 대한 지식이 풍부했고, 특히 아버지가 작업한 인명사전에 당당하게 이름을 올리지 못한 여성 작가들의 문학 활동에 깊은 관심과 애정을 보였다.

『보통 독자』에서 울프가 높이 평가하는 소설가는 단연 제인 오스틴이다. 오스틴은 분노하거나 한탄하지 않으면서 자신의 성에 얽매이지 않는 글쓰기를 했던 (19세기까지) 거의 유일했던 여성이다. 새로운 성적 감수성을 가진 20세기 여성 작가에게 성에 얽매이지 않는 글쓰기를 할 가능성은 얼마든지 열려 있었지만, 19세기의 열악한 환경에서 오스틴이 보여 준 초연함, 공평무사함, 명석함, 진정성을 가지고 여성적 삶의 리얼리티를 그려 냈다는 것은 예술 창조의 기적이다.

오스틴에 대한 이러한 논평은 『자기만의 방』에서 울프가 하려는 주장을 이미 내포하고 있다. 여성 문학의 의미와 가치를 옹호하고 여성들에게 포기하지 말고 글을 써서 여성 문학의 전통을 이어 가라고 격려하는 한편, 이것이 이분법적이고 경쟁적이고 대결적이고 공격적이고 단성적인 논리에 갇히지 않고 어디까지나 적극적이고 창조적이고 의연한 삶의 실감에 충실한 활동이 되어야 한다는 것이다.

결국 여성적 글쓰기는 남성적 글쓰기에 반대되는 무엇이 아니라 이러한 일차원적인 이분법 자체를 뛰어넘어 존재하는, 여성의 욕망과 몸과 꿈에 맞는 주체적인 글쓰기이다. 물론 '남성적 글쓰기'라 불릴 법한 남성 중심적이고 권력 지향적인 글쓰기 전통이 있어 왔고, 거기에 대항하고 저항하는 차원에서 소외되어 왔던 여성의 세계를 재현한다는 의미의 '여성적 글쓰기'가 있을 수 있다. 하지만 이는 여성적 글쓰기의 역사를 이해하는 과정에서 발생한 편의적 대립이지, 미래의 여성 문학을 규정하고 제한하는 근본적 틀이 아니다. 울프는 이분법적인 틀 자체가 무의미해지는 지점에서 여성의 자유로운 문학 활동이 만개하기를 기대하고, 그런 차원에서 여성적 글쓰기가 결국 양성적 글쓰기로 발전하리라 보았다.

양성적 글쓰기는 "성이 그 자체를 의식하지 않을 때 도래하는 진기한 성적 특성"을 품고 있다. 이를테면 남녀의 사랑 이야기 대신 두 여성 연구원 클로이와 올리비아가 서로 사랑하면서 살아가는 이야기, 나폴레옹 연구서가 아닌 가게 점원 아가씨의 삶을 하루 동안 추적하는 이야기, 그리고 택시를 함께 타고 군중 속으로 사라진 남자와 여자의 이야기는 "진기한 성적 특성"을 발산한다. 그것은 자신의 성, 그리고 상대방 성과 맺는 관계, 이 두 가지를 모두 낡은 방식으로 생각하지 않는 모험심, 기존의 고정 관념이나 관습적인 사고에 귀속되지 않으려는 의지, 그리고 궁극적으로 "다른 무엇이 되기보다 자기 자신이 되는" 태도에서 나온다.

양성적인 마음은 동성애와 밀접하게 관련된다. 울프의 소설 역시 "진기한 성적 특성"을 품고 있으며, 종종 동성애를 포착한다. 이는 순전히 울프의 개인적인 성향 문제라기보다는 블룸즈베리 그룹의 지적 동향에 연결된다. 이러한 시대적 맥락에서 보면 울프의 동성애는 요즘 우리가 쉽게 이해하는 의미의 다양한 성적 취향을 관용한다는 (자유주의적인) 차원이 아니라 근대 문명에 대한 성찰이라는 커다란 문맥에서 역사적으로 이해할 필요가 있다.

최근 버지니아 울프의 삶과 문학이 대중에게 널리 알려진 계기는 미국 소설가 마이클 커닝햄의 『디 아워스』를 각색한 동명의 영화였다. 버지니아 울프의 자전적 이야기, 울프의 소설을 읽으며 삶의 절망을 견디는 1950년대 캘리포니아 가정주부의 이야기, 그리고 그녀의 아들과 그의 여자 친구가 1990년대 뉴욕 문단에서 살아가는 이야기가 교차하면서 결혼 제도, 여성, 동성애의 문제가 깊이 있게 다뤄지는 작품이다. 소설과 영화 모두 정상, 안정, 규범, 관습과 타협하지 않는 삶의 위엄을 빼어나게 담아낸다. 이 비타협적인 정신의 본질이 곧 근대적 삶에 대한 성찰이자 삶에 대한 사랑이라는 전언은 울프의 여성적 글쓰기에 그대로 녹아 있다.

6장   읽기와 그 적들

울프가 쓴 여성 문학사는 시간순으로 배열된 연대기라기보다 과거의 기억과 현재의 실재와 미래의 전망이 서로 얽혀 있는 한 순간과 같다. 문학의 뜻을 펼치지 못하고 차갑게 죽어 간 주디스 셰익스피어, 그녀를 상상하며 도서관 서가를 맴도는 메리 비턴, 그녀에게 유산을 남겨 정신 활동에 매진할 수 있는 경제적 환경을 선물한 메리 시턴, 클로이와 올리비아가 서로 사랑하는 이야기를 쓴 메리 카마이클, 그리고 소설보다 몸에 더 잘 맞는 다른 장르를 창조할지도 모를 미래의 여성 작가, 이들은 하나의 곧은 선 위에 연대기 순으로 차례로 놓인 여성들이라기보다 마치 러시아 민속 인형 마트로시카처럼 하나의 큰 인형 안에 점점 작아지는 인형들이 포개져 들어 있는 여성들과 같다.

이렇듯 울프의 여성 문학론이 반복적이고 순환적인 시간성을 가진 것이라면, 오스틴의 위치는 특별하다. 오스틴은 주디스 셰익스피어처럼 저주받은 르네상스 시대의 여성 작가들과 메리 카마이클처럼 재능을 뽐내는 현대 여성 작가를 이어 주는 위치에 있지만, 그렇다고 그 중간에 기계적으로 위치한 19세기 여성 작가로만 한정해서 볼 수는 없다. 오히려 그녀는 19세기 여성 작가 누구도 성취하지 못한 진정성과 양성성을 기적처럼 발휘한, 시대를 초월한 천재 예술가이다. 동시에 그녀의 천재성은 막연히 신비화될 것이 아니라 그녀가 살았던 19세기의 구체적인 역사적 맥락에서 해석되어야 할 자산이기도 하다. 이제 오스틴의 대표작 『오만과 편견』을 읽으면서 그녀의 진정성과 양성성이 어떻게 발현되는지, 작가적 천재성과 역사적 맥락이 어떻게 서로 관통하는지, 그리고 여성 문학으로서 이 소설의 가치가 어디에 있는지 살펴보자.[7]

근대적 개인의 초상

『오만과 편견』은 중간 계층 출신의 영민하고 독립적인 엘리자베스 베넷과 부유하고 엄격한 귀족 다아시의 로맨스를 축으로 하여 당대의 가족 관계와 결혼 제도를 둘러싼 풍속 체계의 속살을 다양한 시선으로 조망한다. 전쟁이나 죽음이나 복수 같은 무거운 내용에 짓눌리지 않고, 물려받은 토지와 재산을 가진 '젠트리' 계층의 일상을 촘촘하게 담아낸 작품 세계를 오스틴은 스스로 "2인치(약 5센티미터)밖에 안 되는 작은 상아 조각" 같다고 비유하기도 했다.[8] 소설은 한껏 차려입은 신사와 숙녀가 무도회에서 춤을 추고 차를 마시고 소소한 대화를 나누며 상대방을 탐색하는 내용을 주로 다루는 것처럼 보인다. 폭력과 혁명과 전쟁은 먼 풍문으로만 떠돌며, 당장 시급한 문제는 누가 누구와 결혼을 할 것인지, 그리고 누가 얼마의 유산을 물려받을 것인지이다. 이런 내용이 현대의 독자들에게는 비현실적인 허구의 이야기로 비칠 수도 있지만, 『오만과 편견』의 세계에서 정작 중요한 것은 계급이나 유산이나 결혼을 작동시키는 규범과 예법의 체계 자체가 아니라 그 체계를 설계하고 실천하는 인간에 대한 깊은 관심이다.

역사 소설로 널리 존경받으며 유명세를 떨친 동시대 소설가인 월터 스콧은 오스틴의 네 번째 소설 『에마』에 대해 "평범한 삶 속에 존재하는 자연을 있는 그대로 베끼고, 상상 세계의 눈부신 장면 대신 주변에서 매일 일어나는 일을 정확하고 선명하게 재현하여 독자에게 선사하는 솜씨"가 빼어나다는 논평을 남긴 바 있다. 그는 마치 네덜란드 화풍의 정교한 풍경화를 연상시키는 오스틴의 필치가 "세상에 대한 앎과 독특한 기교"가 결합한 결과라고 보았다.

스콧은 오스틴의 리얼리스트다운 면모뿐 아니라 로맨티시스트다운 면모, 즉 낭만적 사랑과 그에 따른 감정의 확대에 집중하는 미덕을 알아본다. 사랑이 일깨운 감정이 "명예롭고 위엄 있고 사심 없는" 인식으로 발전함으로써, 인물이 사랑을 지키기 위해 사회를 떠나는 것이 아니라 사랑하기 때문에 그 사랑의 깨달음을 가지고 사회로 돌아갈 수 있는 발판을 마련한다는 것이다.[9] 개인적이고 미미한 일들, 미세하고 내밀한 감정들, 매일 수행하는 평범한 육체 활동 등은 언제나 사회적 의미를 띤다. 사적이고 일상적인 영역이 그 개인적인 의미를 다치지 않으면서 사회적인 영역으로 확장된다.

오스틴은 18세기 소설에 흔히 등장하는 인물 유형과 플롯을 종종 빌려 새롭게 변주하는가 하면 18세기 산문에서 많이 다룬 주제를 적극적으로 끌어왔다. 소설의 제목 '오만과 편견'은 오스틴이 영향을 받은 버니의 소설 『세실리아』의 결말에서 남녀 주인공의 비극이 이들의 "오만과 편견" 때문이라는 구절에서 따온 것으로 알려져 있다. 이 구절 역시 버니의 독창적인 사고의 산물이라기보다는 데이비드 흄, 애덤 스미스, 에드먼드 버크 등을 비롯한 사상가들이 꾸준히 성찰해 오던 도덕철학의 화두였다.

오스틴은 어떤 사회 운동이나 지식인 모임에도 참여한 적 없이 대부분의 삶을 시골집에서 보냈지만, 당대의 다양한 담론을 제 나름대로 소화해 평이한 소설 언어로 풀어냈다. 예컨대 '이성', '개인', '행복', '독립' 등의 어휘를 자유자재로 쓰되 이 어휘들이 계몽주의의 도그마로 굳어지는 것을 경계하면서 언제나 구체적인 맥락 속에서 발화되도록 한다.

오스틴이 그리는 일상의 드라마 속에는 언제나 개인이 우뚝 서 있다. 18세기 소설이 여주인공의 시련이라는 주제를 여주인공의 길들여짐으로 환원하는 경향을 보였다면, 오스틴은 여주인공의 내면 변화에 집중함으로써 여주인공을 훈육의 대상으로 소비하지 않고 근대적 주체로 그려 낸다. 또한 유혹당하는 여주인공이나 감정에 휩쓸려 잘못된 선택을 하는 여주인공을 그릴 때에는 유혹과 감정을 비판하거나 배척하지 않고 그에 대처하는 다양한 방식들이 서로를 비추게 만들어서 각각 다르게 대처하는 개인의 선택을 두드러지게 만든다.

　　오스틴 소설은 근대적 개인의 초상이다. 오스틴의 삶 자체가 근대 역사의 중요한 국면을 관통한다. 근대성의 표지 중 하나가 인쇄 문화라면 독서는 근대적 개인을 구성하는 핵심 요소이다. 1775년에 태어난 오스틴은 18세기 후반 인쇄 문화의 수혜를 누린 세대로서, 책을 읽고 글을 쓰는 일이 자연스럽게 일상의 중요한 활동으로 편입되는 것을 경험했다. 대중적으로 보급된 다양한 읽을거리를 두루 섭렵할 수 있었던 독서 세대이자 일찍부터 습작에 길들여진 문학 세대였다.

　　오스틴이 십 대의 습작기에 쓴 소품만 일별하더라도 그녀가 전(前) 시대의 문학적 유산과 동시대의 담론에 얼마나 친숙하고 정통한지 알 수 있다. 오스틴은 열렬하고 창의적인 독서가였고, 그녀의 삶과 문학 세계는 근대의 독서 문화사라는 맥락에 뿌리내리고 있다. 오스틴 소설에 빈번히 책이 등장하고 인물들이 종종 책을 읽고 책과 관련된 상황에 봉착하는 것은 우연이 아니다.

　　오스틴은 동시대의 사상과 풍속과 문물의 흐름을 예민하게 파악했고, 자신의 소설이 어디에서 와서 어디에 서 있으며 어디로 갈 것인지를 깊이 의식한 채 소설을 썼다. 그리고 소설가로서의 경력을 설계하는 데 매우 신중했다. 그녀는 세 편의 초고 가운데『분별과 감성』을 먼저 출판하기로 결정했는데,『오만과 편견』은 여주인공의 개성이 너무 강하고『노생거 수도원』은 풍자가 지나쳐서 많이 팔리지 않을 것으로 내다봤기 때문이다. 울프도 지적했다시피 당시에는 글을 써서 돈을 버는 여성 작가에게 종종 순결을 상실하고 타락한 여성의 이미지를 덧씌우거나 다작(多作)이나 다산(多産)의 이미지를 투영하는 경향이 있었다. 오스틴은 이 부정적 낙인을 피하려고 고심했다.

여성 작가에게 주어진 활동 무대였던 잡지 기고나 연재를 원하지 않았고, 소설 한 권을 제값에 쳐주고 통째로 출판해 줄 출판사를 찾아 오래 기다렸으며, 독자의 반응에 민감했다. 여성 문학에 덧칠해 온 일련의 부정적인 편견에서 벗어나고자 했고, 전 시대의 문학 시스템에 포섭되지 않는 독자적이면서 안전한 행보를 이어 갔다.

그러면서도 오스틴은 자신의 작품을 '소설'로 명시함으로써 그때까지 소설이 받아 온 억울한 비판에 당당하게 문제를 제기하고 소설 형식을 시대의 흐름에 맞게 발전시키고자 했다. 오스틴은 책 문화의 수혜를 받으면서 문학 활동을 했고, 스스로 책 문화에 개입하여 자신의 책이 어떤 방식으로 책 문화를 형성할 것인지를 기획했던 세대의 대표 주자라 할 수 있다.

해석과 오독 사이

오스틴의 인물들은 종종 책을 읽는 모습으로 등장한다. 응접실에 모여서 혹은 서재나 숲길로 피신하여 책을 읽는다. 이들은 책을 읽고 해석하는 근대적 주체이다. 책을 읽고 책에 관해 이야기할

「오만과 편견」 초판
"「분별과 감성」을 쓴 작가"라고 소개하고 이름을 밝히지 않았다.
관례에 따라 3권으로 나누어 출판했다. 책의 크기는 가로 12센티미터,
세로 18센티미터 정도였고, 각각 300쪽 정도 분량이었다.
현재 초판은 영국 케임브리지와 옥스퍼드 대학 도서관, 미국 예일과
텍사스 대학 도서관에 소장되어 있다. 텍사스 대학에 소장된 판본에는
커샌드라의 서명이 남아 있다.

뿐 아니라 책을 읽듯이 사람을 읽는다. 부지런하게 읽고 읽히며, 또 잘못 읽고 읽힌다. 읽기는 반복적으로 수행되지만 성공과 실패가 혼재하고, 가장 중요한 한 번의 읽기는 늘 지연되며, 그 읽기가 완료된 후에도 읽을 것은 계속 남아 있다. 인물들은 해석의 강박과 오독의 위험을 겪어 내면서 자신의 욕망을 조율하는 법을 배운다.

오스틴 소설에서 연애는 에로스라기보다 로고스이다. 열렬한 연애는 치열한 읽기 없이는 불가능하다. 『오만과 편견』의 두 단어 '오만'과 '편견'은 모두 읽기와 관련이 깊다. 오만은 오독을 부추기고, 오독의 결과로 나타난 편견은 로맨스의 걸림돌이다. 제대로 읽는다는 것은 무엇이며 그것은 어떻게 가능한가? 『오만과 편견』을 감싸고 있는 인식론적 질문은 이것이다.

흔히 『오만과 편견』을 다아시의 오만과 엘리자베스의 편견이 부딪혀 오해가 발생했다가 각각 오만과 편견을 교정하면서 사랑의 결실을 거두는 이야기로 다소 도식적으로 이해하곤 한다. 딱히 틀린 말이라고 할 수는 없다. 엘리자베스는 다아시를 모함한 위컴의 교묘한 화술에 넘어가 다아시에 대한 편견에 사로잡힌 나머지 그의 청혼을 거절한 후에 뒤늦게 위컴이 거짓말쟁이였음을 알게 된다. 그리고 다아시는 볼품없는 집안 출신인 엘리자베스가 자신의 청혼을 감사히 수락할 것이라고 기대했다가 차갑게 거절당한 후 자신의 오만함을 반성하고 베넷 집안의 명예를 지키기 위해 백방으로 노력한 끝에 그녀의 마음을 얻는다.

남녀 주인공이 오만과 편견을 깨닫고 성장하는 구도만을 추출해 보면 『오만과 편견』은 그다지 새로울 게 없다. 중세 기사도 로맨스부터 피카레스크 소설과 고딕 소설에 이르기까지 영국 산문 문학의 전통에서 깨달음의 모티프를 활용해 성장 서사를 구축한 예는 무수히 많다. 이 소설이 각별한 것은 오스틴이 오만과 편견을 각각 보편적인 도덕적 범주로 일반화하지 않으면서 그것이 계급과 성에 따라 다른 의미의 결을 가지도록 서사화하기 때문이다.

 오만과 편견은 성격적 결함에 국한되지 않고 두 주인공을 비롯한 모든 인물들에게서 다르게 나타나는 인식론적인 증상이자 공동체의 미래가 걸린 문제로 확장된다. 오스틴은 일방적으로 오만과 편견을 단죄하기보다는 그 복잡한 맥락에 관심을 가지도록 함으로써, '누구의', 그리고 '어떤' 오만과 편견인가를 분별하게 한다. 따라서 깨달음도 결말에 이르기 위한 예측 가능한 단계에 머물지 않고, 근대적 주체를 실질적으로 구성하는 내면세계의 콘텐츠가 된다. 그리고 깨달음은 한 번에 완성되지 않는다.

 『오만과 편견』의 화자는 인물의 내면을 들여다보고 모든 것을 알고 있는 전지적 시점을 취한다.(이 시점이 항상 객관적이지는 않다. 그래서 발생하는 미묘한 서술 효과에 대해서는 나중에 다시 설명할 것이다.) 화자는 오만과 편견이 야기하는 해석의 오류를 특유의 위트와 풍자로 묘파한다. 소설을 여는 첫 두 문장을 보자. 설명을 돕기 위해 여기서만 영문을 병기하고 중요한 단어를 강조하기로 한다.

 재산을 꽤 가진 미혼남이라면 분명 아내를 원하리라는 것은 널리 인정받는 진리이다. 그가 이웃으로 이사 온다면 그의 취향과 견해에 대해 알려진 게 하나도 없는데도 이웃들은 이 진리에 사로잡혀 있어, 그는 이들의 딸들 중 하나가 마땅히 차지할 재산으로 간주되고 만다.

It is a truth universally **acknowledged**, that a single man in possession of a good fortune, must be in want of a wife. However little **known** the feelings or views of such a man may be on his first entering a neighbourhood, this truth is so well **fixed** in the minds of the surrounding families that he is **considered** as the rightful property of some one or other of their daughters.

—『오만과 편견』, 1쪽

화자는 유능한 관찰자의 시선으로 "널리 인정받는 진리"의 맹목성을 부드럽게 꼬집는다. 돈 많은 미혼남이 아내를 찾으리라는 기대가 보편적 상식이라면 그가 제 나름의 취향과 견해를 가지고 있으리라는 예상 역시 보편적 상식이어야 하겠지만, 전자에 정신이 팔린 사람들은 후자를 묵살한다.

이 대목에는 '소유(권)'와 연관된 단어가 세 번 나온다. "가진(possession)"은 남자가 재산을 가진 상황을, "원하다(want)"는 결핍과 부재를, 그리고 "재산(property)"은 남편(의 재산)을 소유한 아내의 상황을 각각 가리킨다. 한 개념의 변주를 통해 연애와 결혼이 무엇보다 '소유(권)'와 얽힌, 예컨대 '감정'이나 '인연'의 문제라기보다 '계산'과 '경쟁'의 문제라는 시각이 드러난다. 화자는 바로 이러한 시각, "널리 인정받는 진리"에 속하는 보편적 상식처럼 보이는 결혼관에 슬쩍 흠집을 낸다. 세상의 이치가 과연 그렇기만 할까? 결혼이 돈이 걸린 거래요, 소유권의 문제이기만 할까? 이것은 누구의 보편적 상식일까? 이렇게 묻게 만드는 것이 첫 두 문장의 강렬한 효과이다. 다들 인정하는 진리라는 것은 특정한 의도로 구성된 명제, 혹은 자의적인 편견에 불과할 수 있다. 도대체 누구에 의해 인정받는다는 말인가?

"널리 인정받는 진리"의 지위가 의심스러울 수밖에 없는 것은 그렇다고 받아들여지는 상황이 모호하기 짝이 없기 때문이다. 이 모호성은 이어지는 수동태 동사의 반복적인 사용에서 구조적으로 드러난다. '인정받다(acknowledged)', '알려지다(known)', '고착되다(fixed)', '여겨지다(considered)' 등 이해하고 안다는 뜻의 동사가 계속 연결되는데, 흥미롭게도 이 동사들이 모두 수동태이다. 이는 인식 작용이 피동적으로 이루어졌다는 것, 그리고 이미 완료되었다는 것을 동시에 함축한다. "널리 인정받는 진리"를 토대로 판단하고 행동하면 안전할 것 같지만 전혀 그렇지 않으며 관습의 노예가 되기 쉽다. 능동적인 인식 작용 없이는 '그렇다고 여겨지는 것'을 재생산하면서 오만과 편견에 고착될 수밖에 없다는 소설의 주제가 첫 두 문장에 담겨 있는 셈이다.

"널리 인정받는 진리" 너머

여주인공 엘리자베스는 적어도 진부한 편견에 사로잡힌 인물은 아닌 것처럼 보인다. 사리 판단이 빠르고 자신감에 차 있으며, 거침없이 세상을 읽고 해석한다. 엘리자베스는 첫눈에 다아시를 오만한 부자로 해석한다. 다아시의 뻣뻣하고 무례한 태도에서 받은 첫인상은 교정될 기회를 얻지 못한 채 엘리자베스의 마음속에 사실로 굳어진다.

그의 오랜 친구를 자처하는 위컴이 온갖 험담을 구구절절 늘어놓자 엘리자베스는 별 의심 없이 위컴을 믿어 버린다. 언변이 훌륭한 위컴의 첫인상에 속절없이 속아 넘어가는 것이다. 위컴을 보자마자 "이 청년은 군복만 입으면 완벽할 것 같다. 외모는 정말 뛰어나다. 훌륭한 용모, 좋은 체격, 친절한 행동 등 아름다움의 모든 요소를 최고로 갖추었다."(54쪽)라고 결론 내리고, 그가 일방적으로 꾸며서 들려주는 다아시 가문과의 불행한 과거사를 신뢰한다. 설상가상으로 다아시가 친구인 빙리와 언니 제인의 만남을 방해한 장본인이라는 사실이 밝혀지자 그에 대한 미움이 절정에 이른다.

재미있는 점은 엘리자베스를 실망시켰던 다아시의 비사교적인 면모가 곧 사라지고 그의 적극적인 관심이 드러나는데도 엘리자베스가 전혀 알아차리지 못한다는 사실이다. 그는 엘리자베스를 두 번째 보았을 때부터 "총명하게 빛나는 두 눈"에 매혹되고 시골 마을에서 보기 드문 "자연스럽고 명랑한 품위"(16쪽)를 알아본다. 그는 빙리의 여동생 캐럴라인에게 조금의 망설임도 없이 엘리자베스의 두 눈을 좋아한다고 말하고, 엘리자베스를 시기하는 캐럴라인의 놀림을 받고도 의연하다. 그는 여성관이 확고하고 자신의 욕망에 정직하다. 다아시가 엘리자베스가 있는 곳에 나타나 먼저 말을 걸고 주변을 맴도는데도 그녀는 정식으로 청혼을 받는 순간까지 그의 마음을 알지 못한다.

이상하다면 이상하다고 할 수 있는 엘리자베스의 지독한 무지는 그녀가 나중에 모든 것을 깨달았을 때 "이제까지 나 자신을 까맣게 몰랐다."(159쪽)라는 탄식에 의해 단숨에 설명된다. 첫 만남에서 자신을 무시한 다아시를 배척하고 그 대신 자신에게 적극적으로 관심을 드러내는 위컴을 믿어 버린 자기애가 문제의 근원이었음을 깨달은 것이다. 이는 자신과 위컴 사이에 존재하는 모종의 계급적 연대감이랄까, 지배 계급의 권력에 저항하는 마음과 무관하지 않다. 결혼 시장에 나가는 일밖에는 미래의 빈곤을 피할 길이 별로 없는 교육받은 중간 계층 여성으로서 엘리자베스는 부잣집 도련님 다아시의 질투와 학대를 받았다고 고발하는 집사의 아들 위컴의 불우함에 동병상련을 느낀다.

엘리자베스는 주변 사람의 인생을 좌지우지할 정도로 권력을 행사하는 다아시의 전횡에 분노한다. 위컴에 따르면, 다아시는 사회적 지위가 비슷한 사람들을 대할 때와 가난하고 힘없는 사람들을 대할 때 판이한 태도를 보인다. 다아시는 "돈 많은 상류층 사람들 사이에서는 시원시원하고 공정하고 진실하고 지각이 있고 고결하고 기분 좋은 사람으로 보이는"(62~63쪽), 말하자면 강한 사람 앞에서 약하고 약한 사람 앞에서 강한 부류인 비겁한 부자라는 것이다.

다른 한편으로 엘리자베스는 다아시를 철저히 한 개인으로 볼 줄 안다. 첫 만남에서 다아시가 엘리자베스를 무시했던 일화를 두고 엘리자베스의 친구 샬럿은 "가족, 재산, 뭐 하나 부러울 게 없는 그런 훌륭한 신사가 도도할 만하잖아."(13쪽)라고 말한다. 이는 다아시를 잘 알아서 하는 말이 아니다. 다아시 정도의 재력과 지위와 영향력을 가진 남자라면 으레 누릴 만한 사회적 특권이 있고 그들 나름대로 살아가는 방식이 있다는 의미인데, 이는 실상 다아시 개인에 대해 아무것도 말해 주지 않는 하나 마나 한 일반론이며 "널리 인정받는 진리"에 안주한 샬럿의 수동적인 태도를 드러낸다. 이런 일반론적이고 수동적인 관점으로는 자신의 욕망을 표현할 수 없고 상대방의 욕망도 이해할 수 없다.

이 말이 혼기를 한참 놓쳐 버린 스물일곱 살의 샬럿, "난 연애 못 하잖니."(96쪽)라는 변명을 내세워 마치 노후 대책 마련하듯 사랑 없는 결혼에 자신을 던져 버린 샬럿에게서 나왔다는 사실은 의미심장하다. 다아시가 제아무리 그럴 만한 지위에 있는 사람이라도 "내 자존심을 무시할 권리는 없어."(13쪽)라고 따지고 드는 엘리자베스는 바로 그렇게 다아시를 한 개인으로 대하는 태도 때문에 그와 중요한 인간관계를 직접 맺을 가능성을 확보하게 된다. 왜 샬럿이 아니라 엘리자베스가 다아시와의 로맨스의 주인공이어야 하는지, 이들의 로맨스가 이전의 로맨스와 어떻게 다른지 이 대목에서 잘 드러난다.

엘리자베스는 위컴에게 속아 다아시를 그렇고 그런 부류로 (잘못) 보는 동시에 자신과 대면했던 한 개인으로 개별화하고 구체화한다. 첫 번째 오독이 교정된다면 로맨스의 가능성은 높아진다. 다아시를 오만하고 이기적인 귀족 남성 부류로 보지 않고, 얼마든지 그럴 수 있음에도 불구하고 그렇게 살지 않으려고 애쓰면서 시대에 맞춰 진화하는 귀족 계층의 각성한 개인으로 볼 때, 이들의 관계는 맺어질 수 있다.

개인으로서 다아시라는 인물은 귀족 부류답게 특권에 익숙한 면과 그렇지 않은 면을 복합적으로 지니고 있다. 상대방의 어리석음을 잘 용서하지 못하는 성마른 성격이지만 적어도 그런 엄격함을 자신에게도 공평하게 적용할 정도의 원칙은 갖춘 사람으로 보인다. 워낙 싹싹한 빙리와 대조되어 말수가 적어 보일 뿐이지 다아시는 결코 차갑거나 지루한 남자가 아니다. 오히려 매사에 의견을 분명하게 밝히는 숨김없는 성격으로 논쟁을 즐기면서 주변 사람을 긴장하게 만드는 쪽이다. 사람들의 비위를 맞추는 화법에 익숙한 빙리가 맞장구를 칠 요량으로 약간 과장법을 쓰자 다아시가 거기에 숨은 허세를 조목조목 지적하는 대목이 단적인 예다. 게다가 그는 지인들과는 길게 대화를 나눌 뿐 아니라 그들의 약점을 잡아 논쟁을 즐기고 짓궂은 농담도 한다.

엘리자베스는 제인의 병간호를 위해 빙리의 집에 머무는 동안 다아시를 관찰하지만 아쉽게도 그의 인간적인 면모를 거의 읽지 못한다. 예를 들어 다아시의 관심을 받고 싶어 하는 캐럴라인이 다아시가 편지 쓰는 것을 지켜보면서 "펜을 다듬어 드릴게요."라고 하자 다아시는 눈썹 하나 까딱하지 않고 태연하게 "됐어요. 직접 하면 됩니다."(35쪽)라고 대꾸하여 그녀를 무안하게 만든다. 이 대목은 '펜'이 상징하는 성적인 뉘앙스를 활용해서 남녀가 연애 게임 내지는 수작을 벌이는 상류 계층 응접실 세계의 단면을 보여 준다.

이와 비슷한 장면으로는 캐럴라인이 다아시의 관심을 끌려고 응접실을 한 바퀴 도는 대목을 들 수 있다. 다아시는 '방을 한 바퀴 도는 동안 몸매 자랑을 하려는 모양인데 몸매 감상은 여기 앉아서 하겠다.'라는 요지로 캐럴라인을 놀린다. 이렇듯 다아시는 과묵하고 진지하고 융통성 없는 남자가 아니다. 가끔은 법도가 허용하는 한도 내에서 유들유들하게 상대를 골탕 먹일 줄 아는 유쾌한 신사인 것이다.

캐럴라인과 다아시 사이에 오가는 이 대화들은 상류층 응접실 문화의 속살을 보여 주는 관습적인 장치로 설정되어 있지만 뜻밖에도 다아시의 활달함을 끄집어내는 면이 있다. 하지만 사교계의 매너와 응접실 문화에 그다지 익숙하지 않은 시골 숙녀 엘리자베스는, 더구나 이미 그에 대한 판단을 끝내 버렸기 때문에, 더 이상 다아시를 읽으려 하지 않는다.

더 살펴보기

책, 서재, 순회도서관

오스틴의 다른 소설도 그렇지만, 『오만과 편견』은 그 자체로 책에 대한 논평이자 주석이다. 누가 무슨 책을 어떻게 읽느냐에 따라 많은 것들이 해석된다. 책은 인물을 해석하게 해 주는 충실한 기호이다.

소설이 시작하자마자 베넷 부부가 딸들의 혼사를 두고 말싸움을 벌이는데, 베넷 씨는 "생각이 많고 훌륭한 책을 많이 읽고 어록도 잘 만들어 놓은" 셋째 딸에게 능청스럽게 자문을 구한다. 수다스러운 아내와 번잡한 딸들을 피해 서재에 틀어박혀 있곤 하는 베넷 씨는 특유의 통찰력으로 셋째 딸 메리의 '성실한' 독서가 얼마나 한심한 수준인지 익히 알고 있는 것이다. 메리는 책에서 읽은 대로 읊조리며 인용할 때 발군의 암기력을 선보이지만, 그녀의 대사는 가장 지루하고 엉뚱하고 무의미하다.

엘리자베스와 샬럿이 다아시의 오만이 각자에게 어떻게 느껴졌는지에 대해 솔직하게 대화를 나눌 때, 메리는 "내가 살면서 읽은 모든 것을 종합해 볼 때 말이지, 오만은 몹시 흔한 결함이야."라는 일반적인 논평을 불쑥 꺼내 놓는다. 콜린스가 보낸 장황하고 허풍스러운 편지를 읽고 나서 엘리자베스는 "도무지 말이 안 되는 사람"일 거라 추측하는데, 메리는 "작문의 관점에서 보면 나쁜 편지는 아니야."라고 반응한다. 말하자면, 메리는 자기가 어떻게 생각하고 느끼는지 말할 줄 모르는 것이다. "생각이 많고 훌륭한 책을 많이 읽고 어록도 잘 만들어" 놓았지만, 상황을 스스로 판단하고 거기에 대처하는 지적인 순발력은 전혀 없다.

　　메리는 도대체 무슨 책을 그렇게 쓸데없이 무작정 읽고 어록까지 만들어 암기한단 말인가? 메리가 주로 읽은 책은 18세기에 나온 도덕 교과서 종류였을 법하다. 반면 다른 딸들은 당대에 유행하던 소설을 즐겼던 것 같다. 이들이 모두 모여 낭독으로 저녁 시간을 보내려 할 때, "어딜 보더라도 순회도서관에서 빌려 온 것이 분명한 소설책"을 마주한 콜린스는 결코 그 따위를 읽을 수는 없다며 버티다가 제임스 포다이스의 품행서 『아가씨를 위한 설교』를 골라 낭독함으로써 가족들을 숨 막히게 만든다.

　　콜린스는 다음 날도 베넷 씨의 서재로 따라 들어가 "여기에서 가장 큰 폴리오 책"을 읽겠다고 선언해 놓고는 막상 가공할 만한 수다로 베넷 씨를 괴롭힌다. 크기가 크고 장정이 화려한 폴리오 책을 선호하고 순회도서관에서 쉽게 빌려 볼 수 있는 작은 크기의 소설책을 천대하는 콜린스의 독서 취향은 귀족 문화의 패턴을 숭배하고 모방하려는 그의 일관된 태도의 단면이다.

　　이 소설에서 가장 훌륭한 독서광은, 당연하게도 두 주인공 다아시와 엘리자베스이다. 빙리 가족이 모여서 카드 게임으로 소일할 때, 엘리자베스는 탁자에 놓인 책이나 읽겠다며 조용히 물러난다. 빙리 가족은 어떻게 카드보다 책을 좋아할 수 있느냐며 흥분하거나 대단한 독서가라며 비웃거나 할 뿐이지만, 엘리자베스는 언제나 티 내지 않고 자신의 속도로 책을 읽는다.

엘리자베스는 독서의 고수다. 메리가 읽었을 도덕 교과서를 포함하여 아버지 베넷 씨가 애독했을 풍자 문학과 순회도서관에서 빌렸을 소설뿐 아니라 기본적인 품행서, 기행문, 역사 등 지난 세대의 읽을거리와 당대의 새로운 읽을거리를 두루 섭렵한 것 같다. 엘리자베스는 다아시의 신사답지 못한 매너에 분노하고 있지만 그의 저택 펨벌리에 세대를 이어 수집한 장서로 가득한 멋진 서재가 있다는 말에 끌려 읽던 책을 내려놓고 그를 관찰한다. 그녀가 펨벌리에 대한 막연한 끌림을 무의식적으로 품기 시작한 계기는 바로 그곳의 서재 이야기를 들은 순간이다.

　　책과 관련하여 문제적인 사례는 베넷 씨이다. 서재로만 파고드는 베넷 씨는 명석한 지성과 직관의 소유자이지만 서재가 허용하는 현실 도피적이고 자기만족적인 무책임에 지나치게 만족한다. 그의 서재가 가진 폐쇄적이고 이기적인 면모는 다아시가 관리하는 펨벌리의 서재를 더욱 돋보이게 만든다. 결국 엘리자베스는 아버지의 서재를 떠나 펨벌리의 서재로 이동한다.

7장　　해석의 미로

엘리자베스는 샬럿의 신혼집을 방문하는 동안 예기치 않게 다아시의 청혼을 받는다. 그녀가 위컴의 말을 믿고 다아시를 오판하고 있는 데다 빙리와 제인을 그가 갈라놓았다는 사실을 확인한 후에 그를 향한 분노가 악화될 대로 악화된 시점에서 불쑥 튀어나온 청혼이 성사될 리 만무하다. 매몰찬 거절에 당황한 다아시는 긴 편지를 써서 사태를 해명한다.

편지를 읽으면서 엘리자베스는 비로소 다아시를 한 개인으로 읽기 시작한다. 처음 편지를 읽을 때 분노가 가라앉지 않은 엘리자베스는 "읽고 있는 문장의 뜻을 제대로 알기 전에 눈이 먼저 다음 문장으로 옮겨 갈"(156쪽) 정도로 흥분한 상태이다. 그녀는 "미처 그 뜻도 파악하지 못한 채 편지를 읽지 않겠다고 다짐"(156쪽)했지만 금방 편지를 꺼내 읽기 시작한다.

혼란스러운 상태에서 아무 생각도 할 수 없어 걷기만 했다. 하지만 그러고 있을 수 없었다. 다시 편지를 폈고 최대한 자신을 추슬러 위컴과 관련된 모든 부끄러운 내용을 숙독하기 시작했고 문장 하나하나의 의미를 따질 수 있도록 자신을 다스렸다.

———『오만과 편견』, 156~157쪽

　　기억을 복기하고 시시비비를 가리면서 편지를 세 번이나 꼼꼼하게 읽고 나서야 엘리자베스는 위컴에 관한 한 다아시가 결백하다고 판단한다. 위컴과의 대화를 생생하게 떠올리며 그 대화가 얼마나 부적절했는지, 그리고 위컴의 태도가 얼마나 위선적이고 기만적이었는지 깨달으며 "그와 관련된 모든 것들이 이제야 다르게 보인다."(158쪽)라고 탄식한다. 읽었던 것을, 읽었다고 착각했던 것을, 다시 불러내 읽어야 하는 것이다. 동시에 지금 눈앞에 놓인 편지를 계속 읽어야 한다.

　　엘리자베스는 "우매하고 편파적이고 편견에 차 있었고 어리석었다."(159쪽)라는 통렬한 자기반성에 이어서 한 번 더 편지를 읽고 이번에는 제인과 빙리의 연애를 방해한 일에 대해서도 다아시의 설명이 설득력이 있음을 인정하기에 이른다. 그녀는 산책길에서 다아시의 편지를 받아 든 지 두 시간이 넘도록 읽고 또 읽는다.

　　다음 날도 엘리자베스는 산책을 나가 걸으면서 다아시의 편지를 "훤히 외울 정도"(163쪽)가 되도록 필사적으로 읽는다. 편지를 곱씹으며 홀로 긴 생각에 몰입하는 엘리자베스는 근대 영문학에서 최초로 출현한 생각하는 여성인지도 모른다. 마치 울프가 창조한 화자 메리처럼, 엘리자베스는 줄기차게 사색하고 성찰한다.

　　다아시의 편지는 소설의 한중간에 배치되었는데, 이 장면 이후 엘리자베스의 말과 행동은 훨씬 명철해진다. 기가 죽거나 조신해

휴 톰슨의 『오만과 편견』 삽화
청혼을 거절당한 후 다아시가 엘리자베스에게
편지를 전달하는 장면이다. 『오만과 편견』에
들어간 삽화 가운데 가장 널리 사랑받았고
후대에 영향을 끼친 것으로 1893년에 나왔다.

지는 것이 아니라, 오히려 생각과 판단이 성실하고 치열하고 정확해진다. 그녀가 여행을 마치고 집으로 돌아오자마자 동생들의 분별없음과 그것을 방임하는 부모의 무책임한 태도를 날카롭게 인식하는 것만 보아도 그렇다. "한때 자유분방하다고 여겼던"(168쪽) 감정이 이제야 비로소 조야한 치기의 산물로 보이기 시작하고, 자기 자신조차 동생들의 분별없음에서 별로 멀지 않은 자리에서 언제든지 저속한 수준으로 떨어질 수 있는 위험을 품고 있었음을 알게 된다.

엘리자베스의 이러한 반성은 다아시를 오해하고 그에 대한 편견을 이용해서 스스로 돋보이고 싶었다는 고백으로 이어진다.

> "아무 이유 없이 지독하게 그를 미워하면서 내가 대단히 똑똑한 사람처럼 보이고 싶었어. 그렇게 누굴 미워하는 게 내 천재성을 자극하고 재기를 펼칠 수 있는 기회잖아. 누굴 줄기차게 학대하려면 바른 말을 한마디도 안 해도 되지만 누굴 놀려 먹을 때는 가끔 재기 넘치는 말을 해 줘야 하니까."
>
> ─『오만과 편견』, 172쪽

사악하게 "학대"하는 대신 집요하게 "놀려 먹는" 길을 택하여 자신의 말솜씨와 재치를 뽐내고 싶었다는 것이다. 신랑감에 의해 얌전하게 낙점되기를 기다리는 일을 시시하다고 생각하고 스스로 "똑똑한" 사람이 되어 사람들 앞에서 "재기"를 발휘하고 싶어 하다 보니 생긴 실수다. 주변을 맴돌며 계속 의미심장한 말을 던지는 다아시의 의중을 전혀 파악하지 못한 것은 이처럼 엘리자베스가 그를 듣지도 보지도 않고 단지 "놀려 먹을" 생각만 했기 때문이다.

이 깨달음 때문에 엘리자베스의 미래는 파국을 향해 달려가지 않고 한 번 더 기회를 얻는다. 오스틴은 영리하고 자유분방하고 호기로운 여성, 기존의 조신한 여성상을 거스르는 신세대의 당당함을 체득한 여성으로 스스로를 구성하려던 엘리자베스의 욕망을 이해하고, 이 욕망이 그 자체로 위험하다기보다 어떤 상황에서 위험해질 수 있음을 보여 주면서 이 욕망의 매력과 가능성을 억압하지 않는 쪽으로 방향을 잡는다. 들떠 있던 엘리자베스를 주저앉히는 대신 그녀의 매력과 가능성이 사랑받도록 배려하는 것이다.

"단 하나의 얼굴을 찾아서"

다아시의 편지 덕분에 엘리자베스는 가족에 대한 생각, 정확하게 말하면 구제할 길 없는 가족의 초라함을 깨닫는다. 다아시가 청혼할 때 솔직하게 밝혔던 대로 그녀의 부모님과 세 동생들이 보여 준 바, 법도와 교양을 파괴하는 안하무인의 천박함이 엘리자베스의 뇌리를 떠나지 않는다. 18세기 소설에서 흔히 고아가 부모를 찾아가고 신분을 회복하는 식으로 가족의 형성이 중요했다면, 오스틴 소설에서는 가족과의 불화가 쌓이거나 가족의 기반이 해체되고 다른 가족으로 이동하는 데 초점을 맞춘다.

　엘리자베스는 베넷 가문에서 다아시 가문으로 이동하여 소속을 바꾸고 새 장소에 정착한다. 그녀가 결혼을 결심하는 데에는 가족을 떠나고 싶다는 절실함이 있고, 이 절실함은 결혼을 관습적으로 혹은 떠밀려서 하는 것이 아니라 적극적으로 원해서 하는 것으로 만든다. 다른 대안적인 삶의 선택이 불가능한 현실에서 결혼을 선택할 수밖에 없지만, 그것을 적극적이고 간절한 선택으로 만드는 것은 여전히 개인의 몫이다.

　엘리자베스가 자신의 가족을 버리고 다아시의 가족으로 편입되고 싶은 욕망을 극적으로 드러내는 순간은 펨벌리를 방문할 때 나온다. 다아시 가문의 유구한 전통이 숨 쉬고 있는 대저택 펨벌리의 문화적 풍요로움에 반한 엘리자베스는 "펨벌리의 안주인이 되는 일은 근사하다."(185쪽)라고 생각한다. 펨벌리는 조화롭고 풍요로운 삶에 대한 열망과 그런 자신의 열망을 이해하고 지원할 수 있는 남성과의 관계에 대한 욕망을 일깨우는 공간이다. 그 공간의 의미를 엘리자베스 스스로 해석해야 하는데, 그 상징적인 순간이 바로 그녀가 다아시의 초상화를 바라볼 때이다.

　엘리자베스는 어떻게 생겼는지 알고 있는 단 하나의 얼굴을 찾아서 걸었다. 마침내 그림이 나타났다. 그녀는 다아시를 놀랍도록 닮은 그림, 그가 자신을 바라볼 때 때때로 지었다고 기억되는 그런 미소를 머금고 있는 그림을 마주 보았다. 뚫어져라 응시하며 그림

앞에 한동안 서 있었고 모두 화랑을 나올 때 한 번 더 그 그림 앞으로 갔다. 레이놀즈 부인은 어르신이 살아 있을 때 그려진 것이라고 알려 주었다.

이 순간 엘리자베스의 마음속에는 그들이 만날 때 느꼈던 것보다 더 부드러운 감정이 일어났다. 레이놀즈 부인이 다아시에게 한 칭찬은 결코 하찮은 종류가 아니다. 총명한 하인의 칭찬보다 더 가치 있는 게 또 있을까? 오빠로서 지주로서 주인으로서 얼마나 많은 사람의 행복이 그의 후원 아래 있는가를 생각했다. 얼마나 많은 즐거움이나 괴로움을 나눠 줄 능력이 그에게 있는지! 얼마나 많은 선행이나 비행을 그가 실천할 수 있는지! 가정부가 진술한 모든 의견은 그의 인격에 유리한 것뿐이었다. 두 눈으로 자기를 바라보는 그가 그려진 화폭 앞에 서서 그의 눈길을 받으니 그가 관심을 가져 준 것에 대해 어느 때보다 깊은 감사의 마음이 들었다. 그 관심이 뜨거웠던 것이 생각나고 그 부적절한 언사조차 받아 줄 수 있을 것 같았다.

—『오만과 편견』, 189쪽

사랑의 본질을 보여 준다는 점에서, 이 대목은 소설의 전개에서 가장 중요하고 가장 시적이고 또 가장 에로틱하다. 엘리자베스는 펨벌리의 거대한 화랑에서 "아는 얼굴을 찾아" 간다. 그 앞에 오래 선 채로 "그가 자신을 바라볼 때 때때로 지었다고 기억되는 그런 미소"를 떠올리고 초상화 속 그의 눈길이 자기에게 머문다고 생각하는 그 순간, 엘리자베스는 다아시가 부재한 가운데 그의 존재와 은밀하게 교감하는 상상적인 관계를 통해 사랑을 고백한다.

다아시의 미소와 눈길을 기억해 내는 순간, 엘리자베스는 그와의 관계를 하나의 로맨스로 해석하고 전유한다. 파국으로 치달아 서로에게 깊은 상처를 남긴 청혼 거절 사태를 떠올리며 거기에 담긴 다아시의 호의를 (이미 거절했으므로 받아들이는 것이 불가능해진 시점에 와서) 비로소 고맙게 받아들일 준비를 마치는 것이다. 이 순간 엘리자베스는 다아시와 상상적으로 화해한다.

가족들의 초상화가 전시된 화랑은 다분히 공적인 성격을 띤 공간이고 엘리자베스가 홀로 다아시의 초상화를 독점하는 상황도 아니지만, 신비롭게도 이 대목은 소설에서 가장 사적이고 내밀하고 긴박한 순간이다. 엘리자베스는 많은 초상화 가운데 유독 다아시의 얼굴을 찾아낼 뿐만 아니라 그가 자신을 바라보고 자신을 위해 웃어 준다고 '멋대로' 해석함으로써 그와 자신의 관계에 특별한 상호성과 평등성을 부여한다. 그 순간 엘리자베스가 단순히 다아시의 얼굴을 알아보는 차원을 넘어서서 그와의 관계를 어떤 틀에서 상상하는지 드러난다. 엘리자베스는 다아시와 일대일로, 단지 두 사람만의 응시와 교감으로, 같은 눈높이에서, 서로 이해하고 소통하기를 욕망한다.

펨벌리에서 다아시는 건실하고 관대한 지주이자 정 많고 따뜻한 오빠이지 시골 마을 무도회에서 뚱한 얼굴로 어색하게 서 있던 거만한 부잣집 도련님이 아니다. 엘리자베스는 위컴의 거짓말을 믿어 낭패를 보았지만 "총명한 하인" 레이놀즈 부인의 말은 믿을 만하다. 엘리자베스의 편견에 교묘하게 편승하여 말을 지어내던 위컴과 달리, 레이놀즈 부인은 다아시의 조상이 살았고 현재 그가 살고 있는 집에서 오랜 세월 가까이서 지켜보면서 겪은 지극히 친밀하고 개인적인 다아시의 인간적인 면모를 드러낸다.

게다가 위컴과의 대화가 단독으로 이루어진 데 반해 레이놀즈 부인과의 대화는 외삼촌 가드너 부부와 동행한 채 이루어지기 때문에 엘리자베스는 이들과 의견을 교환하면서 성급한 결론으로 치우치지 않게 되어 안전한 면이 있다. 펨벌리라는 공간은 다아시를 읽을 수 있도록 해 주는 맞춤한 배경이다. 펨벌리에서 다아시는 많은 사람들의 행복을 책임지고 그들의 안위를 보호하고 있는 든든한 사회 지도자로 빛난다.

다아시라는 텍스트

『에마』와 『설득』 같은 오스틴의 후기 소설에서 앎에 대한 회의 내지는 인식 불가능한 영역에 대한 통찰 같은 것을 엿볼 수 있지만, 적어도 『오만과 편견』은 진실을 방해하는 인식론적 오류를 밝혀내고 그것을 계몽할 수 있는 가능성을 낙관하는 소설이다. 다만 앎이 당대에 통용되던 교육에서 나오지 않고 개인적인 경험을 통과하면서 형성된다는 것, 그리고 앎이 완결적이지 않고 지속적인 성찰 과정의 일부라는 점은 『오만과 편견』에서도 유효하다.

편지 읽기에서 물꼬가 트인 엘리자베스의 깨달음의 여정은 펨벌리의 초상화 읽기에서 분수령을 이룬다. 다아시가 쓴 편지와 그를 그린 초상화라는 두 개의 재현 양식을 매개로 하여 엘리자베스는 그를 해석할 열쇠를 얻는다. 흥미롭게도, 이러한 인식 가능성은 대상이 부재한 가운데 그 대상의 흔적을 따라가는 방식으로 이루어진다. 다아시는 눈앞에 없고, 그가 쓴 편지와 그를 그린 그림이 그를 대체한다. 이는 다아시가 엘리자베스에게 하나의 텍스트, 읽고 해석해야 하는 기호가 되었음을 의미한다.

엘리자베스가 콜린스의 편지만 보고도 그의 허세를 꿰뚫어 본 반면 위컴의 허세에는 속절없이 속아 넘어가는 것은 그녀의 해석 능력이 가진 한계를 잘 예시하지만, 무엇보다 해석자로서 엘리자베스의 특징은 재빨리 연상 작용을 한다는 점이다. 그녀의 판단과 해석은 정확하기보다는 빠르고 또 자의적일 정도로 환상에 충실하다. 그녀는 다아시의 초상화를 마주하기 전에 이미 펨벌리의 숲, 건물, 강, 다리, 땅에서 다아시를 보고, 그 질서 정연하고도 풍요로운 아름다움을 배경으로 자신과 다아시의 극적인 화해를 상상한다. 그의 초상화에서 "그가 자신을 바라볼 때 때때로 지었다고 기억되는 그런 미소"를 떠올리는 것이나 떠나기 전에 마지막으로 돌아본 순간에 불쑥 다아시가 나타난 것이나 모두 이 펨벌리 장면이 얼마나 엘리자베스의 환상을 집약하고 있는지 잘 보여준다.

이렇듯 엘리자베스의 앎에는 자기애, 착각, 공감, 연상, 상상, 환상 등이 깊이 개입한다. 이런 요소들이 앎을 가능하게 하는 매개로 작동한다는 것을 실감나게 보여 줌으로써 오스틴은 예컨대 '자기애를 버려야 한다.'라는 교훈을 반복하는 주입식 교육의 관성을 거슬러 앎의 과정을 주체적으로 정의한다.

펨벌리를 떠나기 직전 엘리자베스는 놀랍게도 다아시와 재회하는데, 이때부터 한순간도 놓치지 않고 그의 일거수일투족을 오로지 자신의 욕망에 맞추어 해석하기 시작한다. 오스틴 특유의 자유간접 화법은 전지적 화자가 서술자로서 자신의 지위와 서술 대상인 등장인물의 지위를 구분하지 않고 자유롭게 등장인물의 내면으로 들어가도록 해 주는데, 특히 여주인공 엘리자베스의 속마음을 드러내는 데 탁월하게 활용된다.

이 화자는 모든 것을 아는 전지적 화자이면서도 어느 순간 편파적으로 변하는 존재이다. 순전히 객관적인 화자가 아닌 것이다. 이 편파성이 흡인력을 높이고 독자의 공감을 끌어내는 방식으로 작동하는 것이 바로 오스틴 서술 기법의 매력이다. 이를테면 다아시와 재회한 순간 당황한 엘리자베스의 모습을 보자.

엘리자베스는 이 얄궂은 재회에 몇 번이고 낯을 붉혔다. 그런데 돌변한 그의 태도는 무엇을 의미하는 거지? 도대체 그가 먼저 말을 걸다니, 기적 아닌가. 더구나 그렇게 정중하게 가족의 안부를 묻다니. 지금까지 엘리자베스는 그가 이 돌연한 재회에서 한 것처럼 근엄하지 않은 태도로 상냥하게 말하는 것을 본 적이 없었다.

—『오만과 편견』, 191쪽

　　화자는 자신의 언어와 엘리자베스의 언어 사이에 아무런 경계석을 세우지 않는다. 즉 '엘리자베스는 생각했다.'라고 설명해 주는 대신 바로 엘리자베스의 생각을 자신의 말처럼 직접 해 버린다. 엘리자베스의 낯빛이 붉어지는 것을 관찰하던 화자는 바로 그 순간에 그녀의 속마음을 마치 자신의 생각처럼 서술한다. 엘리자베스는 다아시의 공손하고 친절한 태도를 단박에 알아보고, "어떻게 생각해야 할지 어떻게 해석해야 할지 몰랐다." 건실하고 관대한 지주로서 그의 존재를 인정하자마자 다정다감하고 공손한 남자로 다가온 그의 태도에 몹시 당황한다.

　　동시에 엘리자베스는 다아시 역시 몹시 당황한 기색을 보였음을 놓치지 않으며 그렇기 때문에 "그 순간 그가 무슨 생각을 했는지, 나를 어떻게 생각했는지, 모든 상황에도 불구하고 아직도 나를 아끼는지" 궁금해한다. 편견에 사로잡혀 있는 동안 전혀 해석할 수 없었던 그의 말과 표정을 이제 단숨에 알아챈다.

　　짧은 재회가 끝나고 펨벌리를 떠나던 중 엘리자베스는 뒤쫓아 온 다아시를 한 번 더 만나는데, 오스틴은 이 장면 또한 대화로 소개하지 않고 전적으로 엘리자베스의 독백에 할애함으로써 그녀의 해석을 시험대에 올린다. 다아시가 엘리자베스 일행을 (대저택을 구경하러 온) 관광객으로 대접하고 떠나보냈어도 되는데 그렇게 하지 않고 정중하고 공손하게 맞이하자, 엘리자베스는 놀라움과 은밀한 기대를 한꺼번에 품게 된다. "그가 이렇게 변하다니! 도대체 어떻게? 나를 위해서 이럴 리 없어. 매너가 이렇게 부드러워진 게 나를 위해서는 아니겠지. 청혼을 그렇게 거절했는데 어떻게 이럴 수가. 아직 나를 사랑할 리가."(193쪽)라는 재빠른 고민이 이어진다.

다시의 변화한 모습을 목격할 수 있는 시간은 오래가지 못한다. 엘리자베스 일행이 여행을 멈추고 집으로 돌아가야 하는 상황이 발생하기 때문이다. 막내 동생 리디아가 위컴과 도주했다는 소식이 도착한 것이다. 시간이 흐르고 리디아와 위컴의 도주가 결국 결혼으로 수습되는 과정에서 엘리자베스는 다시가 이 일을 해결하는 데 발 벗고 나섰다는 사실을 알게 되고, 이를 계기로 이들의 로맨스는 새로운 국면을 맞는다. 진실을 알려 주는 것은 다시의 행적을 보고하는 가드너 부인의 편지다.

다시의 초상화를 감상할 때처럼, 이 순간 역시 다시는 부재하고 그를 재현한 흔적이라 할 편지가 뒤늦게 도착하여 엘리자베스의 해석 능력을 시험한다. 엘리자베스는 편지를 읽고 나서 뛰는 가슴을 주체하지 못하고, 다시가 무엇 때문에 자신의 가족이 겪는 불행한 사태를 도와주었는지 알고 싶어 한다. "엘리자베스는 자신 때문에 다시가 이 일에 뛰어들었다고 믿을 수는 없지만, 자신을 향한 그의 애정이 남아 있고 그래서 자신의 마음의 행복이 달려 있는 이 일에 그가 매진했으리라는 생각이 들었다."(248쪽)라는 추측을 내놓는다.

이어서 다아시를 만난 엘리자베스는 "우선 어떻게 하나 두고 보자. 속단은 금물이야."(255쪽)라며 조심스러운 태도를 유지한다. 선뜻 다가오지 않는 다아시를 보고 실망한 엘리자베스는 "달리 뭘 기대한단 말인가. 도대체 여긴 왜 왔을까?"(256쪽)라며 원망하는 한편 많은 사람들이 북적대는 응접실에서 예의를 차리느라 두 사람이 지난 일을 허심탄회하게 이야기할 수 있는 기회를 만들지 못하는 것을 안타까워한다. "다아시가 다가오지 않으면 그를 포기할 거야."(259쪽)라든가 "한때 거절당했던 남자! 그의 사랑이 재개되리라 기대하는 어리석음이란! 한 여자에게 두 번 청혼을 하는 속없는 남자가 어디 있단 말인가?"(260쪽)라는 말로 체념을 말하면서도 설레는 마음을 버리지 못한다.

이렇게 기대와 실망을 오가는 모든 장면들에서 엘리자베스는 분별력을 발휘한다. 엘리자베스의 추측, 판단, 기대, 검열, 해석 등 일련의 인식 작용이 꼬리를 물고 소설의 후반부를 장악하면서 『오만과 편견』은 기존의 로맨스 서사를 뛰어넘는 면모를 보인다. 이미 언급했지만, 깨달음을 분수령으로 한 계몽 서사는 근대 영국 소설의 대표적인 유형으로서 성장 소설의 골간을 이룬다. 주인공이 집을 떠나고 깨달음을 얻고 돌아와 사회에 안착하는 이야기 구조에서 갈등 해소의 표식이자 성장의 열매로 주어지는 것이 결혼이다.[10] 『오만과 편견』은 결혼에 이르는 과정에서 흔히 동원되곤 하던 모험과 위기와 갈등의 요소들을 가지런하게 정리하고 여주인공의 내면 변화에 더 집중하는 방식으로 당대 로맨스 서사의 문법을 다시 쓴다. 나아가 여주인공의 의식이 변화하고 성장하는 과정을 그녀 스스로 천착하고 분석하고 언어화하도록 만든다.

더 살펴보기

로맨스의 기원과 역사

'로맨스'라는 단어는 로마 제국과 관련이 깊다. 로마 제국의 문화권 아래 있었던 프랑스, 스페인, 포르투갈, 이탈리아 등 중세 유럽의 공식 언어는 라틴어였는데, 구어체 방언으로 이야기를 지어내어 그것을 로맨스라 불렀다. 따라서 세속적인 언어로 쓰인 허구의 이야기, 즉 문학의 초보적인 형태가 곧 로맨스였던 셈이다. 로맨스의 역사가, 조금 과장해서 말하면, 거의 서양 문학의 역사가 될 수 있는 이유이다.

중세 후기라 할 12세기부터 르네상스기를 관통하는 16세기에 걸쳐서 성경을 비롯한 종교 문서를 제외한 세속적 이야기의 대부분이 로맨스로 불렸다. 우리가 '기사도 로맨스'로 알고 있는 서양 문학이 곧 로맨스의 원형이다. 로맨스의 구성 요소는 크게 사랑과 모험이다. 시련과 시험을 통과한 기사가 사랑을 얻고, 그것이 넓은 사회적 삶으로 통합된다는 것이 기본 구도이다. 여기에는 이루어질 수 없는 사랑과 비극적인 죽음도 있다. 공통으로 벌어지는 일은 기사가 길을 떠나 모험을 겪으며 종종 사랑과 충성 사이에서 갈등한다는 것, 그리고 초현실적인 사건이 벌어진다는 것이다. 영국 문학에서 중세 기사도 로맨스의 대표작으로는 토머스 맬러리의 『아서 왕의 죽음』(1485)이 있다.

영국 르네상스 시기 로맨스의 대표작은 에드먼드 스펜서의 「선녀 여왕」(1590~1596)이다. 여섯 권으로 이루어진 방대한 서사시이자 기사도 로맨스의 진화를 보여 주는 영국 시 문학의 걸작이다. 스펜서가 시도한 서사시와 로맨스의 융합은 청교도 혁명 이후 1667년 존 밀턴이 쓴 「실낙원」에서 놀라운 문학적 성취로 발현된다. 이 로맨스 서사시는 열두 권으로 된 인간 구원의 이야기인데, 노동하는 인간의 모습을 소상하게 그렸다는 면에서 로맨스 전통의 근대적 진화를 보여 준다.

스페인 작가 세르반테스의 『돈키호테』의 제목은 『재치가 넘치는 기사, 라만차의 돈키호테』(1605)였는데, 1612년에 영어로 번역되어 널리 읽혔다. 소설의 첫 장에서 세르반테스는 로맨스를 너무 많이 읽어 정신이 이상해진 기사 돈키호테를 소개함으로써 이 소설에 로맨스의 영향력을 비판하는 의도가 있음을 밝힌다. 하지만 돈키호테의 모험담이 로맨스 문학의 모험 요소를 '피카레스크' 형식으로 발전시켰다는 사실을 되짚어 보면 세르반테스는 『돈키호테』로 자신이 비판하려 했던 그 장르의 근대적 진화에 결정적으로 기여한 셈이다. '피카레스크'는 스페인어 '피카로(picaro)', 즉 '악당'에서 왔다. 피카레스크 로맨스에서는 영웅이 가진 위엄과 덕성을 삭제하고 그 자리에 일상적인 재치와 임기응변, 그리고 평민적인 애환이 새겨진 에피소드를 나열한다.

1742년에 헨리 필딩이 발표한 『조지프 앤드루스』는 『조지프 앤드루스, 또는 돈키호테를 쓴 세르반테스의 스타일을 모방하여 쓴 조지프 앤드루스와 그의 친구 에이브러햄 에이브럼스의 모험의 역사』라는 긴 제목을 가졌다. 이 소설의 출현은 고대 서사시의 시대와 중세 로맨스의 시대를 거쳐 근대 소설의 시대로 오면서 영웅, 모험, 사랑, 마법 등의 요소가 오랜 진화를 거쳐 산문 문학 형식인 소설로 수렴되고 있음을 보여 준다. 필딩은 이 작품을 로맨스라 부르며 "산문으로 된 희극적 서사시"라고 절충적으로 정의했다. 이전 시대 문학 형식이었던 서사시와 로맨스를 버리지 않되, 산문이라는 점과 코믹하고 풍자적이라는 점을 강조한 것이다.

새뮤얼 리처드슨은 자신의 여주인공이 로맨스를 읽다가 과격한 감정과 과장된 이야기에 질려 판단력을 잃을까 걱정한다. 이는 18세기 중반에 로맨스가 누린 인기와 영향력을 단적으로 보여 준다. 필딩과 리처드슨은 그 결이 매우 다른 작품을 남겼지만 로맨스의 과장된 스타일이나 비현실적인 에피소드와 거리를 두면서 자신의 작품을 새로운 이야기로 홍보하려 했다는 점에서 닮았다. 이들이 드러낸 리얼리티에 대한 새로운 감각은 근대 소설의 핵심 기율이 된다.

8장 감정, 앎, 권력

다아시와 엘리자베스의 로맨스가 제 궤도에 오르려면 오만과 편견만 걷어 내면 된다고 생각하기 쉬운데, 그렇게 간단한 교정으로 이들의 사랑이 이루어지는 것은 아니다. 이들의 로맨스는 오만과 편견이라는 방해물을 치우고 원래의 길을 찾아가는 복귀의 여정이 아니라 진실을 구성해 가는 창조의 여정이다. 단순히 잘못이 교정되거나 처음부터 알아야 할 것을 단지 조금 늦게 알게 되는 것이 아니라 앎이 생성되는 과정 자체를 경험하는 것이 중요하다.

앎에 이르는 과정은 이성적인 판단만으로 이루어지지 않는다. 엘리자베스와 다아시는 오만과 편견을 교정할 수 있는 판단력을 길러야 할 뿐만 아니라 감정을 겪어야 하고 그 감정과 어떤 관계를 맺을 것인가를 성찰해야 한다. 다아시의 두 번째 청혼 장면은 두 사람에게 감정이 얼마나 중요해졌는지를 잘 보여 준다.

먼저 말을 꺼낸 것은 엘리자베스다. 리디아와 위컴의 일을 수습해 줘서 감사하다고 운을 떼자, 다아시가 오직 그녀를 위해 그 일을 떠맡았다고 고백하면서 청혼으로 발전한다. 이 결정적인 대목에서 오스틴은 엘리자베스의 대답을 직접 들려주지 않고 그녀의 속마음으로 들어가는 서술 기법을 적절하게 활용한다.

엘리자베스는 여느 때와 달리 어색하고 초조한 그의 입장을 알아차리고 대답할 수밖에 없었다. 그녀는 그가 언급했던 그때부터 자신의 감정이 실질적인 변화를 겪어서 이제는 그의 청혼을 고맙고 기쁜 마음으로 받을 수 있다고 유창하지는 않지만 그가 알아듣도록 즉시 대답해 줬다. 이 대답을 듣자 다아시는 지금까지 느껴 보지 못한 큰 행복을 느꼈다. 열렬하게 사랑에 빠진 남자가 그렇듯이, 다아시는 분별력 있고 열정적으로 반응했다. 엘리자베스가 그의 눈을 바라볼 수 있었다면 그의 얼굴에 번진 그 진심 어린 기쁨이 얼마나 멋있는지 봤을 것이다. 그러나 볼 수는 없었지만 들을 수는 있었고, 그는 엘리자베스가 자기에게 얼마나 소중한 존재인가를 고백하면서 그의 사랑을 고귀하게 만들어 주는 모든 감정에 대해 말했다.

—『오만과 편견』, 280쪽

다아시와 엘리자베스의 대화 일부만이 공개되고 나머지 부분이 서술자의 묘사로 채워지기 때문에 독자 입장에서 일단 이들이 구체적으로 뭐라고 말했을지 궁금하고 또 대화를 드러내지 않는 오스틴의 서술 기법에 대해서도 호기심이 발동한다. 재치 넘치는 언변을 선보여 온 엘리자베스와 칼로 베어 낸 듯 정확하고 깐깐하게 언어를 구사해 온 다아시, 말 잘하기로 유명하며 지금까지 무수히 많은 장면에서 현란한 말싸움을 벌여 온 두 사람이 이 결정적인 순간에 나눈 대화를 독자는 알지 못한다. 오스틴은 대사를 삭제한 자리에 이들의 감정을 풀어 놓는다.

이들의 감정은 폭발적이지 않고 절제되는 종류의 것으로 그려진다. 예컨대 다아시를 "열렬하게 사랑에 빠진 남자"라고 부르면서도 "열렬하게 사랑에 빠진 남자가 그렇듯이, 분별력 있고 열정적으로 반응했다."라고 서술한다. "열렬하게"라는 번역의 원문은 'violently'로 어감이 훨씬 강렬할 수도 있는데, 이렇게 사랑하는 남자가 "분별력 있고 열정적으로" 말한다는 표현은 부분적으로 모순이다.[11] 오스틴은 다아시의 감정을 다 알고 있으면서도 그를 놀리기라도 하듯이 "분별력 있고 열정적으로" 말하는 '점잖은' 사람으로 만들고, 그럼으로써 다아시의 진솔한 감정과 절제력을 절묘하게 포착한다. 이런 다아시를 차마 제대로 쳐다보지 못하는 엘리자베스의 수줍고 어색한 태도에도 열렬한 감정과 자제심을 한꺼번에 담아낸다.

영화로 만들 경우 흔히 이 대목에서 다아시와 엘리자베스가 포옹과 키스를 나누도록 연출하기 쉽고 실제로 이런 손쉬운 각색을 택한 전례가 많다. 이 소설이 로맨스 장르의 전범으로 수용되는 형편을 감안한다면 다아시와 엘리자베스의 감정이 절정에 이른 이 대목에서 스킨십을 배치하는 것이 자연스럽게 여겨지기도 할 것이다.[12] 하지만 이 장면은 영화를 볼 때 느끼기 힘든, 소설 읽기의 재미를 실감할 수 있는 기회이다. 다아시가 엘리자베스에게 청혼을 했다는 납작해진 줄거리로는 다 파악할 수 없는 풍부한 서사적 울림은 독자의 상상력을 자극한다.

대사를 통해 감정을 폭발시켰더라면 만천하에 선명하게 공표

되었겠지만, 대사가 없기 때문에 감정이 감추어지고 심지어 (독자의 '알 권리'로부터) 보호되는 면이 있고 그래서 감정이 훼손당하지 않고 온전히 각인되는 효과가 있다. 독자는 "그들은 어디로 가는지도 모르고 걸었다. 딴생각을 하기에는 생각하고 느끼고 얘기할 것이 너무 많았다."(280쪽)라는 바로 이어진 설명을 통해 간접적으로 두 사람 사이의 교감과 몰입이 얼마나 강렬한지, 그리고 그것이 두 사람만 공유하는 고유한 감정임을 짐작할 뿐이다.

사랑의 토대로서 감정 교육

오스틴의 동시대 작가들이 감당해야 했던 과제 중 하나는 감정을 제대로 재현하는 것, 다시 말해 감정을 소설적으로 참신하게 재현하여 합당한 자리를 찾아 주는 것이었다. 18세기 여성 소설이 노골적인 성애의 묘사로 악명을 얻은 데다, 감성을 강조하는 문화에 대한 반작용으로 지나친 감성을 비판하는 계몽주의적 사고가 팽배한 상황에서 감정 그 자체를 자유롭게 다루기가 까다로웠다.

그에 더해 여성을 남성과 동등하게 이성적이고 합리적인 존재로 자리매김하려 했던 시도를 고려한다면 여성의 감정을 합당한 자리에 놓는 일은 상당한 균형 감각을 필요로 한다. 오스틴의 작품 세계는 전 시대의 유산인 감성의 문화를 비판하되 감정의 가치를 새롭게 인식하려는 기획이라 해도 과언이 아니다. 이는 후기작으로 갈수록 감정의 영역에 대한 성찰과 통찰이 그 깊이를 더해 가는 것으로도 알 수 있는 사실이다.

오스틴은 초기 소설에서 한편으로는 관습적이고 상투적으로 과장된 감정을 풍자하고, 다른 한편으로는 감정이 인식 작용과 무관하게 독립적으로 기능하지 않는다는 점을 밝히는 데 주력한다. 사후에 출판되었지만 사실상 데뷔작이 될 뻔했던 『노생거 수도원』에서 여주인공은 감정의 과잉에 호소하는 고딕 소설에 심취해 있고 터무니없는 상상력 탓에 눈앞의 현실을 놓친다. 그녀의 과대망상은 풍자되지만, 그녀는 여러모로 건강하고 상식적이기도 해서 앞으로 오스틴이 그릴 여주인공의 면모를 예고한다.

『오만과 편견』에 앞서 출판한 데뷔작 『분별과 감성』의 영어 제목은 *Sense and Sensibility*이다. 규범적으로 통용되는 상식, 예의, 분별력을 뜻하는 '센스'와 개인적인 기질, 취향, 감수성을 포괄하는 '센서빌리티'를 짝지어 쓰고 또 그 틀에 맞춤형으로 제작된 것 같은 두 여주인공을 등장시키지만, 소설이 진행될수록 '센스'와 '센서빌리티'의 간극이 확연해지기는커녕 이 둘은 끊임없이 겹쳐진다. 그 결과 뜻밖에도 '센서빌리티'는 냉철한 분별력과는 대립하지만 앎에 이르는 과정을 인도해 주는 포괄적인 감각으로 이해된다. 말하자면 두 초기작인 『노생거 수도원』과 『분별과 감성』에서 오스틴은 관습적이고 상투적인 감정을 풍자하되, 감정이 분별력과 연동하여 작동하고 그런 방식으로 서로 의존하는 양상을 재현함으로써 감정의 힘을 인정하고 긍정한다고 할 수 있다.

『오만과 편견』에서도 상투적인 감정 과잉은 다양한 사례를 통해 여지없이 풍자된다. 이를테면 자칭 예민한 신경의 소유자인 베넷 부인의 이기적인 행태라든가 감성적인 여성상을 신봉하는 콜린스의 우스꽝스러운 행보, 그리고 주둔하던 군부대가 떠난 후 군인들을 볼 수 없게 되자 식음을 전폐하다시피 앓아누운 엘리자베스의 어린 여동생들의 호들갑은 모두 웃음거리다. 감정 과잉이 문제가 되는 것은 그것이 전시되고 꾸며져서 그 진정성이 의심스럽기 때문이기도 하지만 감정이 앎과 유기적으로 통합되지 않고 오히려 앎을 방해하기 때문이다.

오스틴은 감정을 이해하고 분석하고 해석해야 할 앎의 재료로 다룰 뿐 아니라 그것을 '공감'과 연결함으로써 감정을 일종의 사회적이고 공동체적인 앎의 토대로 본다. 앎을 얻으려면 자신의 감정을 잘 이해하고 상대의 감정을 배려할 줄 알아야 하고 거기에 이르지 못하는 감정은 충분하지 않다는 것을 가르치는 소설이라는 점에서 『오만과 편견』은 감정 교육의 범례라 할 만하다.

이 소설에서 감정 교육의 최대 수혜자는 여주인공 엘리자베스가 아니라 다아시이다. 엘리자베스가 청혼을 거절하자 다아시는 자신의 청혼이 엘리자베스의 허영심을 만족시키지 못하고 지나치게 솔직 담백했던 탓이라고 분석한다. 아닌 게 아니라 그는 수준 낮은 집안의 딸을 사랑하는 고충을 지나치게 직설적으로 털어놓았던 것이다. 어찌 보면 매사에 없는 말을 보태거나 과장하는 것을 극도로 싫어하는 다아시의 정확하고 엄격한 성품이 그대로 드러난 것뿐인데, 엘리자베스의 입장에서는 솔직함을 내세워 상대방의 감정을 깡그리 무시한 처사로밖에 보이지 않는다.

구애의 형식을 빌리고 있지만 그 내용은 자기 과시이고 심지어는 엘리자베스의 처지를 일깨워 그녀를 모욕하고 굴복시키는 것이다. 엘리자베스가 "신사답지 못하다."(148쪽)라고 일갈한 것은 바로 이런 맥락에서다. 다아시는 도덕적이고 반듯한 신사로 보이지만 상대방의 감정을 헤아리는 기술과 태도를 전혀 갖추지 못했다. 이 비판은 신사를 자처하는 자존감 높은 다아시에게 비수가 된다.

그의 통렬한 자기반성의 결과는 펨벌리를 방문한 엘리자베스 일행을 우연히 만났을 때 공손한 손님맞이로 나타난다. 그리고 리디아와 위컴의 불명예스러운 도주를 손수 나서서 수습하는 데서 절정에 이른다. 토지와 재산과 가문의 명성을 모두 가진 상류층으로 당연히 신사 계층에 속하는 다아시에게 "신사답지 못하다."라는 비판을 제기함으로써 엘리자베스는 그가 당연한 것으로 여겨 왔던 계급적 정체성을 근본적으로 고민하도록 자극한다. 이미 신사 계층에 속하는 그가 진정으로 신사다워지려면 한 개인으로 돌아가 자신의 신사다움을 스스로 정비하는 수밖에 없다.

그가 깨달은 것은 상대방을 사랑하는 감정을 솔직하게 인정하거나 상대방에게 뭔가를 베풀어 주는 모습에 만족하는 데서 멈추지 말고 상대방이 어떻게 느낄지 이해하고 배려하고 공감하는 데까지 나아가야 한다는 점이다. 가난한 엘리자베스를 사랑하는 자기 자신의 감정에 충실한 것보다 그녀의 감정을 헤아리는 일이 훨씬 더 중요하다는 것을 깨닫지 못한다면, 아무리 신사 계층에 속하더라도 다아시는 결코 신사다워질 수 없다. 두 번째 청혼에서 다아시가 지난 일을 회고하면서 인정하듯이 지난 청혼 때 그는 "올바른 감정"(281쪽)을 품지 못했다. 두 번째 청혼에서 다아시가 "분별력 있고 따뜻하게" 털어놓은 감정은 자신의 감정만이 아니라 엘리자베스와의 교감과 공감에서 나온 "올바른 감정"이다.

욕망과 권력의 함수

엘리자베스를 향한 다아시의 감정이 공감으로 나타났다면 다아시를 향한 엘리자베스의 감정은 고마움으로 나타난다. 다아시가 이기적이고 오만한 모습을 버리고 주변 사람들을 두루 배려하고 온화하게 대접하는 모습으로 변화한 것을 목격한 엘리자베스는 그의 됨됨이가 존경스러울 뿐만 아니라 감사하다고까지 느낀다. 자신의 신랄한 태도를 그가 묵묵히 견뎌 냄으로써 두 사람 모두에게 뼈아픈 상처로 남을 뻔했던 과거를 구제해 주고, 두 사람 사이의 희망을 살려 놓았기 때문이다.

엘리자베스는 그를 존경했고 존중했고 그에게 고마웠고 그의 행복에 깊은 관심을 느꼈다. 그의 행복이 그녀 자신에게 달려 있기를 얼마나 바라는지, 그리고 그가 다시 구혼하도록 만드는 힘, 그녀가 아직도 갖고 있다고 믿고 싶은 그 힘을 이용하는 것이 두 사람의 행복에 얼마나 기여할지를 알고 싶을 뿐이었다.

—『오만과 편견』, 201쪽

    무엇보다 엘리자베스는 자신이 아무런 힘이 없는 무력한 존재가 아니라 다아시 같은 남성을 변화시킬 수 있는 힘을 가졌다는 사실에 크게 고무되고, 바로 그래서 다아시가 고맙다고 느낀다. 첫 번째 청혼에서 다아시가 우월한 지위를 이용하여 엘리자베스를 굴복시키려 하면서 자기의 감정을 발산한 반면, 그 후 변화한 다아시는 먼저 엘리자베스의 감정을 헤아릴 정도로 겸손해진다. 이런 변화 덕분에 엘리자베스는 자신이 권력, 즉 다아시를 움직이고 변화시킬 수 있는 힘을 가졌음을 깨닫는다.

    다아시가 엘리자베스를 얕잡아 보던 시선을 거두고 그녀의 처지에 공감하고 자신이 가진 자원을 활용해 그녀를 기쁘게 해 주려 노력하는 것과 엘리자베스가 다아시에 관한 오해를 거두고 그의 변화한 모습에 고마움을 느끼는 것은 모두 열린 태도로 상대방을 이해하고 또 이성적인 판단 못지않게 감정의 힘을 신뢰하기 때문이다. 비사교적인 매너와 고지식한 성격으로 종종 오해를 받아 왔을 다아시와 철없는 동생들과 무식한 부모 탓에 종종 속을 끓여 왔을 엘리자베스는 서로의 결핍을 알아보는 과정에서 자신의 욕망을 대면하는 순간이 필요하다. 훌륭한 신사가 되고자 하는 다아시의 욕망, 그리고 열악한 환경을 벗어나 더 나은 무언가를 추구하고 싶어 하는 엘리자베스의 욕망은 바로 그 상대방이 있음으로써 실현 가능해진다.

엘리자베스의 욕망은 중간 계층 미혼 여성의 욕망을 대변하면서 생생하고 구체적인 표현을 획득한다. 엘리자베스는 권력에 예민하다. 펨벌리에서 엘리자베스를 매혹시킨 것도 권력이다. 다아시가 지주로서, 펨벌리의 상속자로서, 오빠로서 어떤 권한을 어디까지 어떻게 행사해 왔는지를 보고 듣고서야 그의 존재감에 압도되지 않았던가. 짝짓기를 연습하는 자리인 무도회에서 자신을 거들떠보지도 않던 다아시의 언행에 상처를 받은 것부터가 그녀가 남성에게 일방적으로 유리한 '결혼 시장'의 권력 구조에 민감하다는 사실을 보여 준다.

엘리자베스는 우유부단하고 유약한 빙리를 비난하기보다 그를 좌지우지하는 다아시의 권력을 눈여겨보고, 다아시가 막강한 권력으로 무엇을 어떻게 하는지 유심히 관찰한다. 위컴과 의기투합해서 다아시의 권력을 비판하고, 샬럿의 신혼집을 방문했을 때 캐서린 드 버그 여사를 만나자 그녀의 위압적인 태도에 주눅 들지 않고 그녀의 권위에 반항하며, 콜린스와 다아시의 청혼을 연달아 거절함으로써 혼기 찬 중간 계급 딸에게 허용되지 않았던 독립심과 기개를 보여 주는 등 엘리자베스는 권력에 쉽게 굴복하지 않으려 한다.

『오만과 편견』은 로맨스가 권력과 결부되는 양상에 주목한다. 여성이 권력을 행사하는 방식을 드러내고 나아가 인간관계를 형성하는 미시적인 권력 관계의 이면을 조명한다. 첫 번째 청혼에서 다아시가 일방적으로 사랑을 고백하면서 "내 감정을 억누를 수가 없어요. 당신을 정말 열렬하게 좋아하고 사랑합니다."(145쪽)라고 다가올 때 엘리자베스는 티끌만큼도 압도당하지 않고 차갑게 그를 거절한다. 두 번째 청혼에서 그가 "내 마음과 소망은 변하지 않았어요. 당신이 싫다고 한마디만 하면 앞으로 영원히 침묵하겠어요."(280쪽)라고 불안하게 간청할 때 그의 진심에 엘리자베스는 당황하여 침묵한다.

엘리자베스가 청혼을 고마워하면서 받으리라고 다아시가 낙관할 때, 엘리자베스는 한껏 부풀어 오른 그의 권력을 깔아뭉갠다. 반면 엘리자베스의 한마디에 모든 것을 다 걸고 조심스럽게 두 번째 청혼을 할 때 다아시는 가장 겸손하고 취약한 상태지만 그의 진심은 엘리자베스를 움직인다. 다아시의 권력이 가장 센 것처럼 보이는 순간에 그것은 종잇장처럼 구겨질 수 있고, 가장 허약한 것처럼 보이는 순간에 강력한 힘을 내뿜는다. 권력은 다아시가 일방적으로 결정하고 휘두르는 것이 아니라 엘리자베스와의 관계에서 형성된다.

"내가 당신의 (신사답지 못하다는) 비판을 받아들였음을 보여주고 싶어서"(283쪽) 공손한 예절에 특별히 신경을 썼다는 다아시의 고백은 엘리자베스가 가진 권력, 즉 한 남자를 변화시키는 힘을 증언한다. 하지만 리디아와 위컴의 도주 사건에 직면하자 엘리자베스는 이 일이 몰고 올 집안의 불명예를 원망하며 자신의 권력도 끝났다고 생각한다. "모든 사랑이 허사가 된 지금 이 순간처럼 절실하게 그를 사랑할 수 있었다고 느낀 때가 없었다."(210쪽)라는 설명은 의미심장하다. 가족의 불행 앞에서 비로소 개인의 좌절된 욕망은 가장 날카로운 상처로 돌아오고, 불가능해진 사랑 앞에서 비로소 꺼져 가는 희망에 대한 갈구가 휘몰아친다. 모든 것을 잃은 순간에 욕망은 그 날개를 활짝 펼치는 법이어서, "그들이 더 이상 만날 일도 없을 것 같은 이때 비로소 그와 행복할 수 있었다는 확신이 든다."(236쪽) 그리고 비로소 "그가 바로 내 사람이라는 걸 이해하기 시작한다."(237쪽)

    엘리자베스가 오해와 편견에서 벗어나 제대로 다아시를 읽고 해석하는 과정은 단순히 실수를 교정하는 것이 아니라 이처럼 극적이고 복잡한 깨달음의 회로를 통과하면서 진행된다. 그리고 깨달음은 사실을 확인하고 시비를 가린다고 얻어지지 않는다. 감정이 움직이는 구조라든가 욕망이 드러나는 순간을 깊이 이해하고 성찰하지 않으면 깨달음은 오지 않는다. 감정과 욕망은 앎의 토대다. 오스틴은 감정이 고조에 이른 순간에 파국을 예비하고 파국의 순간에 새로운 욕망이 꿈틀거리는 인간 심리와 권력관계의 메커니즘을 깊이 이해하고, 거기서부터 앎을 구성하는 안목을 가졌다. 『오만과 편견』의 로맨스가 박진감 넘치는 리얼리티를 획득하는 이유가 바로 여기에 있다.

이성적인 여자, 감성적인 남자

감정을 인물의 본질적인 미덕으로 보는 『에마』와 『설득』 같은 후기 소설에 비하면, 『오만과 편견』이 감정을 다루는 방식은 여전히 조심스럽고 소극적인 면이 있다. 청혼을 수락한 후 다아시와 엘리자베스의 감정은 차분하게 가라앉는다. "다아시는 행복이 희열로 넘쳐흐르는 그런 성격이 아니다. 엘리자베스는 흥분하고 혼란스러운 채로 행복을 느끼기보다 아는 상태다. 당장의 어색함은 차치하고 앞으로 힘든 일이 놓여 있으니까 말이다."(285쪽)라는 진술은 이들의 감정이 합리적인 사고의 단계로 재의미화되고 있음을 보여 준다.

"느끼기(felt)보다 아는(knew) 상태"로 복귀하지 않으면 가족의 동의를 구하는 일 등의 사회적인 절차를 수행하는 데 어려움을 겪을지도 모른다. 이 절차를 통과하다 보면 감정이 불가피하게 관습의 틀에 맞게 재단되고 양식화될 수밖에 없음을 엘리자베스는 예감한다. 그래서인지 아예 감정에 대해 진지하게 말하기를 회피한다. 이들의 결혼 소식을 들은 제인은 엘리자베스에게 거듭 묻는다.

"다아시를 정말 충분히 사랑하는 거 맞지? 리지, 애정 없이 결혼하는 게 최악이야. 너 정말 사랑하고 있는 거지?"
"그럼. 내 말을 다 듣고 나면 내가 심하게 사랑하고 있다는 걸 알게 될걸."

"무슨 말이야?"

"빙리보다 이 사람을 더 사랑해. 언니가 서운하겠지만."

"리지. 장난치지 마. 진지하게 말해. 당장 전부 다 털어놔. 언제부터 그 사람을 사랑한 거니?"

"워낙 서서히 진행된 일이라 나도 언제 시작됐는지 모르겠어. 하지만 펨벌리에서 그의 아름다운 대지를 처음 봤을 때부터 시작됐을 거야."

—『오만과 편견』, 286쪽

아무것도 짐작하지 못한 제인의 놀란 태도가 재미있다는 듯이 엘리자베스는 시종일관 농담을 늘어놓으며 대답을 미룬다. 어떤 상황에서 어떤 감정을 얼마나 느껴야 하는지 정해 놓은 기준이나 척도가 없으니 결혼을 앞둔 신부가 얼마나 사랑을 느껴야 하는지 말하기 힘든 건 당연하다. 엘리자베스는 사람들이 정해 놓은 기준이나 척도가 무엇이든 자신의 감정은 그 경계 이상이라고 말한다. 하지만 넘치는 감정을 낭만화할 위험을 스스로 차단하기라도 하려는 듯이 서둘러 농담으로 치장하고 감정을 표현할 기회를 자제한다.

마지막 장면에서 두드러지는 것은 엘리자베스 특유의 명철함이다. 엘리자베스는 두 번째 청혼을 하기까지 시간이 꽤 걸린 점을 지적하며 왜 먼저 다가오지 않았느냐고 다아시를 다그치고 (이때 다아시는 '감정'이 넘쳐서 못했다고 대답함으로써 엘리자베스의 이성적인 면모를 상대적으로 부각해 준다.) 캐서린 드 버그 여사가 노발대발할 결혼 소식을 알리는 편지를 당장 쓰라고 재촉하는 등 특유의 장난기를 동원해 상대를 압박하면서 자신의 욕망을 관철한다.

심지어 엘리자베스는 다아시의 어린 여동생에게 아내가 남편을 놀리고 말대꾸를 해도 괜찮다는 것을 태연스레 보여 주면서 그녀를 교육시킨다. 이는 흔히 성장 서사에서 깨달음의 국면 이후에 나타나는 여주인공의 지나친 순응성에 대한 오스틴 나름의 비판일 수 있다. 엘리자베스의 재기가 가진 활력이 돋보이는 이런 유쾌한 결말은 오스틴이 여성의 이성과 지성을 중요한 미덕으로 여기고 응원하는 편에 서 있었음을 보여 준다. 궁극적으로 감정은 관리되며, 바로 그런 신중한 방식으로 감정의 자리를 마련하는 것이 이 소설의 전략이다.

| 더 살펴보기

로맨스에서
가정 소설로

　　　　리얼리티를 강조하는 흐름에 거슬러 마법의 요소에 천착하는 작품은 고딕 로맨스라는 형식으로 살아남았다. 리얼리즘을 기치로 내건 근대 소설의 주류에 포섭되지 않는 불순한 이야기로 떠돌게 된 것이다. 그렇지만 지난 시대의 로맨스 과잉을 지적하는 입장과 로맨스의 환상적인 요소를 그리워하는 입장은 공존했을 것이며, 그 두 입장 사이 어딘가에 서 있었을 독자들은 취향이 다양했을 것이다. 그리고 리얼리즘적인 재현에 만족하지 못하는 작가들은 20세기 초까지 로맨스가 열어 주는 서사의 가능성에 꾸준히 의존하기도 했다.

　　　　어느 한쪽의 절대 우세라는 시각으로는 오랜 시간에 걸쳐 진화했을 소설 문학의 흐름을 다 설명하기 힘들다. 다만 마법과 환상의 세계에서 현실의 세계로, 즉 가정과 살림과 상속과 결혼과 사교의 세계로 독자들을 가장 성공적으로 끌고 들어온 소설가가 오스틴이라는 사실은 분명하다.

　　　　주지하다시피, 죄르지 루카치는 근대 소설 속 주인공의 쓸쓸한 자아 찾기를 환기하듯 "별이 빛나는 창공을 보고 갈 수 있고 또 가야만 하는 길의 지도를 읽을 수 있던 시대는 얼마나 행복했던가? 그리고 별빛이 그 길을 훤히 밝혀 주던 시대는 얼마나 행복했던가."라고 썼다. 근대 소설의 주인공에게 분열과 상실은 존재의 조건이고, 근대 소설은 주인공이 집을 떠나 삶의 의미를 찾아 돌아오는 귀환과 성장의 이야기이다. 로맨스를 구성했던 모험과 사랑은 소설에서 근대적인 형식으로 진화한다. 말하자면 19세기 영국 소설은 별빛 없는 길을 가야 하는 주인공의 모험과 사랑을 근대의 산문적 현실에 맞게 조율된 새로운 소설 언어로 재현하는 기획이라고 할 수 있다.

앞서 『돈키호테』를 소개할 때도 잠시 언급했지만 주인공은 기사도 로맨스의 영웅과 달리 점점 일상적이고 평민적인 모습을 보여 준다. 교통의 발달로 멀리 여행하여 새로운 문물을 만나는 일이 가능해졌지만 물리적 이동성이 생겼다고 해서 모험의 스케일이 커지는 것은 아니고, 오히려 내면세계를 탐색하는 일이 더 중요해진다. 특히 모험과 사랑이 개인적인 차원으로 축소된다. 모험과 사랑이 실현되는 공간으로 가정이 부상한다.

가정이란 곳은 처음부터 늘 같은 모습으로 존재했던 초역사적인 공간이 아니다. 관습법의 영역에 남아 있어서 막연하게 통용될 수밖에 없던 결혼과 가정생활을 둘러싼 행동 규범들이 18세기와 19세기를 거치면서 사회적 의제로 공론화된다. 친족과 혈연관계, 결혼과 가족, 노동과 인구, 재산과 상속, 교육과 직업 등이 서로 밀접하게 얽힌 문제가 되고, 그 문제들은 개인이 소속감을 가진 채 살아가고 정체성을 형성하는 데 큰 영향을 끼치고, 또 개인을 가정 공간과 연결하고 가정 공간에 의미를 부여하는 사회적 상징체계의 토대가 된다.

소설은 바로 이 과정에 적극 개입해 가정 공간의 문학적 재현을 선도한다. 19세기 영국 소설을 '가정 소설'이라고 부르는 것은 바로 이런 맥락에서다. 부르주아 도덕률에 부합하는 가정 공간이 구축되기 위해서 이전 시대의 다양한 연애 담론이 일부일처제 결혼을 위한 짝짓기로 그 의미가 재조정되어야 했다. 결혼해서 가정을 이루고 아이를 낳아 재산을 물려주는 데에 필요한 투자라는 재생산의 문맥에서 섹슈얼리티의 의미가 고정된 것이다. 완벽한 짝을 찾는 일은 욕망 충족과 자아실현의 징표이자 보상이며, 성숙한 주체가 세상과 화해하고 삶의 의미를 찾는다는 의미로 해석된다.

이렇게 연애와 결혼을 중심으로 한 서사를, 특히 여주인공의 시선으로 따라가는 가정 소설을 가장 세련된 형태로 발전시킨 작가가 제인 오스틴이고 『오만과 편견』은 가장 훌륭한 사례다. 오스틴은 선배 작가들이 쓴 서간체 소설, 교육 소설, 고딕 로맨스를 두루 읽으면서 그 가치와 한계를 엄정하게 이해했고, 그 바탕 위에서 자신의 작품을 구상했다. 로맨스의 퇴조와 가정 소설의 발흥이라는 문학사적 전환을 구현한 점, 가정 공간을 여성의 욕망과 감정과 몸이 재현되는 서사의 모태로 확립한 점, 이 두 가지가 오스틴 소설의 역사적인 성취이다.

9장　　　　　여성의 몸

『오만과 편견』은 사회적 관습으로 굳어진 로맨스에 감정이라는 중요한 요소를 불어넣고, 감정 변화에 의해 추동되는 로맨스를 지지하고, 공감과 배려를 감정의 기초로 확립한다. 비록 감정에 대한 전폭적인 투자가 나타나는 후기 소설들과는 다르지만, 감정의 탐구가 곧 몸의 탐구라는 사실을 보여 준다는 점에서 후기 소설들만큼이나 흥미롭다.

몸은 감정을 물질화하여 새기고 전시하는 텍스트이다. 다아시와 엘리자베스의 감정이 강렬해지는 대목마다 그들의 몸은 해석해야 하는 기호로 충만해진다. 때로는 낯빛의 변화로, 때로는 눈빛의 흔들림으로 감정을 읽고 해석해야 한다. 다아시는 언제나 엘리자베스의 눈빛을 관찰하고, 거기에서 때로는 그녀의 지성과 자신감과 장난기를, 때로는 그녀의 분노와 실망을 읽는다.

다아시가 빙리와 제인을 떼어 놓으면서 제인이 진심으로 빙리를 좋아하는지 확신할 수 없다고 말한 것은 나중에 엘리자베스도 어느 정도 인정하듯이 진실일지도 모른다. 다아시가 지적한 제인의 "무심함"은 표정이나 몸짓이 민감하게 변화하는 모습을 전혀 보여 주지 않는다는 뜻이다. 다아시로서는 도무지 제인을 읽을 수 없었고, 그 결과 빙리를 설득하여 제인을 떠나게 만들었던 것이다. 제인에 비해 엘리자베스는 잘 읽히는, 그리고 읽을 만한 풍성한 텍스트이다.

몸의 주체, 주체의 몸

읽기와 연애는 둘 다 몸에 깊이 연루된 일이라는 점에서 유비 관계를 이룬다. 읽기와 연애는 낯선 타자와의 만남이며, 낯선 타자는 몸을 오염시키는 잠재적 위협이다. 특히 이런 부정적 이미지를 여성에게 투영해 여성의 독서와 창작 활동을 성적인 타락에 비유하곤 했다. 읽기와 마찬가지로, 연애에도 양면성이 있다. 연애 역시 타인의 몸이 자신의 몸과 닿고 섞이는 것을 목적으로 하며, 여기에는 쾌락과 위협이 공존한다. 읽기와 연애는 모두 텍스트를 해석하는 행위이고, 해석한다는 것은 자신의 몸을 열어 낯선 것을 받아들이는 일이므로, 인식론적으로 불안하고 위험하며 폭력적인 것이기도 하다. 읽기와 연애는 궁극적으로 몸이 움직이는 행위이고, 몸에 일어나는 변화로 그 존재를 증명한다.[13]

위에서 살펴보았듯이 엘리자베스는 중요한 편지 두 통을 해석한다. 청혼을 거절당한 다아시가 엘리자베스의 오해를 풀어 주기 위해 쓴 편지, 그리고 다아시가 자신의 가족을 돕기 위해 백방으로

애썼다는 내용을 담고 있는 외숙모 가드너 부인의 편지가 그것이다. 다아시의 편지를 전달받은 곳은 산책로인데, 엘리자베스는 혼자 걸으면서 편지를 해석한다. 외숙모의 편지를 받자마자 엘리자베스는 집을 나와 숲으로 간다. 그리고 숲 속에서 홀로 편지를 해석한다.

엘리자베스는 종종 집을 나와 생각할 공간을 찾아낸다. 엘리자베스가 생각하는 순간에는, 생각한다는 것이 정신 작용임에도 불구하고, 마치 몸으로 생각한다는 점을 환기하듯이 몸의 움직임이 활발하다. 홀로 자연과 교감하면서 산책하거나 생각하는 행위는 영국 낭만주의 시에서 자주 볼 수 있는데, 낭만주의 시의 남성 화자에게 허락된 자유를 오스틴은 여주인공에게 베푼다. 그뿐만 아니라 그 자유가 가진 일말의 개인주의적인 위험마저 최소화하려는 듯이 여주인공을 반드시 집, 사회, 공동체로 돌려보내 홀로 깨달은 진실을 공적인 자산으로 환원한다.

사교적인 모임이 잦은 데다 그런 모임일수록 무리에 섞여 들어 지켜야 할 매너가 많기 때문에, 혼자만의 시간을 가지는 건 물론이고 대화하고 싶은 상대와 일대일로 보내는 시간을 마련하기란 치밀하게 계획하지 않으면 불가능하다. 이런 상황에서 엘리자베스는 틈틈이 사색의 시간을 찾아낸다. 소란스러운 응접실의 사교 활동이 끝나면 제인과 단둘이 조용히 대화를 나누고, 틈만 나면 "방해받지 않고 생각하기 위해"(258쪽) 집 밖으로 훌쩍 나가 버린다.

엘리자베스는 실내 공간보다는 야외의 자연 공간에 있을 때 정밀하게 사고한다. 펨벌리에서 다아시와 재회할 때에도 정원을 거널고 있고, 다아시의 두 번째 청혼을 받을 때에도 산책 중이다. 그녀의 몸이 가는 곳에 생각이 따라가고, 생각이 활발한 곳에서 그녀는 몸의 주인이 된다. 여주인공이 건물 밖으로 나가 자연 속에서 걸으며 깊이 생각하는 모습을 일관되게 활용함으로써, 오스틴은 새로운 여성 주체, 생각하는 여성이자 몸의 주인으로서의 주체적 여성을 창조한다.

    소설 초반에, 엘리자베스는 자기 몸의 온전한 소유자가 되기 힘든 처지에 놓여 있다. 베넷 부인이 사윗감을 미리 점찍어 놓고 딸의 몸을 흥정하는 장면들은 미혼 여성의 몸이 온전히 자신의 소유가 될 수 없는 현실을 단적으로 예시한다. 예컨대 베넷 부인은 비가 올 것을 예상하고서도 제인을 마차가 아닌 말에 태워 빙리의 집으로 보내면서 차라리 감기라도 걸려서 그 집에서 며칠 묵으라고 압박한다. 결국 말을 타고 가다 비를 흠뻑 맞은 제인이 앓아눕는 이야기 전개는 한편으로 코믹하지만 다른 한편으로는 몸의 소유권을 박탈당한 딸들의 기막힌 처지를 보여 준다.

    엘리자베스는 몸을 자기 것으로 소유하려고 노력하고, 몸의 권리가 간섭받는 것을 허용하지 않는다. 선택의 주체가 자신이라는 점, 스스로 운명을 결정한다는 점을 확고하게 인식하고 있으며, 자기 결정권을 포기하지 않는다. 캐서린 드 버그 여사가 찾아와 다아시와 헤어지라고 엘리자베스를 협박하는 장면을 보자.

    "베넷 양, 내가 누군지 아는가? 나는 이런 (무례한) 대답에 익숙지 않아. 나는 다아시의 가장 가까운 친척으로서 그의 중요한 일을 다 알 자격이 있어."

"저의 중요한 일을 다 아실 자격은 없잖아요. 이렇게 윽박지르고 나오시면 절대로 분명하게 말하지 않겠어요."

(……)

"그런 설득으로 제가 움직이리라 생각하셨다면 제 성격을 오해하신 겁니다. 여사님의 조카가 자기 일에 그렇게 간섭하는 걸 어디까지 두고 볼지 모르겠지만, 제 일에 참견할 권리는 전혀 없어요. 더 이상 이 문제로 닦달하지 말아 주세요."

(……)

"여사님과 상관없이, 저와 전혀 무관한 다른 어떤 사람과 상관없이, 오직 제가 생각하기에 제 행복을 가져올 수 있는 방식으로만 행동하기로 결심했어요."

─『오만과 편견』, 271~273쪽

이 장면에서 엘리자베스는 반복적으로 '당신'(캐서린 드 버그 여사), '그'(다아시), '나'를 구분한다. 캐서린 드 버그 여사가 보편적인 원칙을 말하면 엘리자베스는 단지 '당신'의 생각일 뿐이라고 대들고, 캐서린 드 버그 여사가 다아시를 대변하듯이 말하면 '그'가 어떻게 생각할지는 알 수 없다고 반박하고, 캐서린 드 버그 여사가 명령을 내리면 '나'와 상관없는 일이라고 딴청을 피우는 식이다. 엘리자베스의 이런 언어 사용은 캐서린 드 버그 여사와 다아시와 자신의 이해관계가 얽힌 상황에서 이 세 사람을 독립된 개인으로 분리해 놓고 서로 침해할 수 없다는 원칙을 못 박아 두는 듯하다.

캐서린 드 버그 여사가 두 사람의 결합 가능성을 세상의 이치와 순리에 어긋난 것으로 규정하고 "명예, 법도, 신중함에 어긋나고 관심거리조차도 못 된다."(271쪽)라고 무시하자, 엘리자베스는 "의무, 명예, 감사"(274쪽) 따위 '당신들의' 도덕적 규범에 굴복하지 않고 끝까지 '자신의' 행복만을 생각하겠다고 당차게 선언한다. 이 순간 엘리자베스는 고유한 인격과 독립적인 자율성을 가진 여성 주체를 구현한다.

캐서린 드 버그 여사의 눈에 엘리자베스는 세상의 이치에 무지한 채 아집과 독선과 야망에 가득 차 부잣집 도련님을 유혹하는 발칙한 아가씨로 보이지만, 캐서린 드 버그 여사야말로 세상의 이치, 즉 "널리 인정받는 진리"라는 것에 사로잡혀 관습적인 여성의 이미지를 엘리자베스에게 덮어씌우고 그녀의 몸에 이런저런 딱지를 붙이려 할 뿐 그 몸이 가진 고유한 독립성과 자율성을 이해하지 못한다.

순수와 오염의 경계

엘리자베스는 자신의 몸을 어느 한 지점에 한 유형으로 붙박아 두려는 시도에 저항한다. 여성화가 바로 그런 기획이고, 품행서는 여성화 문화와 유착하거나 공모할 수 있는 이데올로기적인 제도로서의 성격을 띠고 있다. 엘리자베스에게 청혼했다가 단번에 거절당한 후 샬럿과 결혼하는 콜린스 목사는 품행서를 통해 여성과 연애와 가정생활에 관한 모든 지식을 배운 인물이다. 그는 베넷 가문의 딸들이 소설을 읽으며 저녁 시간을 보내는 것에 경악하면서 품행서를 읽어야 한다고 훈계한다. 그가 좋아하는 책이 바로 앞에서 언급한 바 있는 제임스 포다이스의 『아가씨를 위한 설교』이다.

콜린스는 엘리자베스가 청혼을 거절하자 "처음엔 으레 한 번 거절하는 게 여성 쪽의 관례"라는 품행서의 지침 사항을 준수하는 것으로 웃어넘기려 하는데, 엘리자베스는 "나는 남성을 안달하게 만드는 그런 우아한 여성이 아니고 진실을 바로 말하는 이성적인 존재랍니다."(83쪽)라고 쏘아붙인다. 콜린스의 청혼에는 사랑의 기미조차 없다는 게 엘리자베스의 판단이다. 그는 사랑한다고 말하지만 그렇게 믿고 싶을 뿐이지 사랑의 감정이 어떤 것인지 아마도 평생 모를 것이다. 이렇듯 감정은 누구에게나 자연스럽게 주어지는 것이 아니다. 콜린스가 보여 준 감정의 불구, 마비, 부재는 하나의 징후가 되어 소설 속 다른 인물에게도 변형된 형태로 나타난다.

시원시원하고 자신감에 찬 엘리자베스의 언행은 품행서가 제시한 규범 체계를 전복하면서 불경스러움의 언저리를 맴돈다. 무도회에서 다아시와 춤을 출 때 엘리자베스는 잘난 척하기 좋아하는 다아시가 시골 무도회의 난리법석을 틀림없이 경멸할 거라고 판단하고 "이제 당신이 말할 차례예요. 내가 춤에 대해 말했으니 당신은 방의 크기가 어떻다든지 몇 쌍이나 춤을 춘다든지 하는 말을 하면 됩니다."(69쪽)라고 장난스럽게 말한다. 무도회에서 쌍을 이룬 남녀가 으레 할 법한 형식적인 대화를 의도적으로 반복하자는 냉소적인 제안을, 그것도 무도회 자체를 내켜 하지 않는 다아시 앞에서 보란 듯이 내놓음으로써 엘리자베스는 다아시의 소극적인 태도를 살짝 비웃는 동시에 매너 체계의 진부함을 폭로한다. 피아노를 연주하다가 다아시가 다가오자 "내 연주를 들으러 여기까지 와서 나를 놀라게 하네요. 당신 여동생이 연주를 훨씬 잘한다 해도 난 움찔하지 않아요. 다른 사람 앞에서 절대로 기죽는 걸 못 참는 강단이 있거든요. 누가 나를 위협하면 그럴수록 더 용감해지죠."(134쪽)라고 응수할 때에도 무례에 육박하는 거침없는 언변이 고스란히 드러난다.

교양 있는 아가씨의 범주에 안착하기를 거부하는 엘리자베스의 반항기는 그녀의 언어로 분출될 뿐만 아니라 그녀의 몸으로도 드러난다. 엘리자베스의 몸이 당대의 규범과 맺고 있는 관계를 가장 상징적으로 보여 주는 장면은 비가 온 다음 날 아침에 마차 없이 홀로 약 4.8킬로미터를 걸어 제인의 병문안을 가는 대목이다.

> 엘리자베스는 혼자 걷기 시작했다. 빠른 걸음으로 들판을 가로지르고 조급한 마음으로 재빠르게 울타리와 웅덩이를 뛰어넘어 드디어 그 집이 보이는 곳에 이르렀을 때 복사뼈가 시큰거렸고 양말은 더러워졌고 얼굴은 열기로 화끈거렸다.
>
> ―『오만과 편견』, 23~24쪽

엘리자베스의 몸은 자유롭게 움직이고, 움직인 만큼 더러워지고, 더러워진 만큼 주목을 끈다. 엘리자베스의 몸이 가장 해방된 순간이자 동시에 가장 선명하게 읽히는 순간이기도 하다. 그녀의 몸은 지형적인 경계를 훌쩍 뛰어넘고, 물과 대지의 경계가 허물어진 형태인 진흙을 묻힌 채로 움직이면서, 경계를 해체하는 효과를 낸다. 그녀가 빙리의 저택에 들어섰을 때, 정중한 초대와 대접, 무도회와 만찬, 방문과 담소 등 점잖은 문명 세계의 일상이 가진 잘 다듬어진 인공성이 진흙이라는 끈적한 대지에 의해 허물어지는 듯하다.

품행서가 가르치는 '교양'으로 무장한 빙리의 여동생들은 진흙 범벅이 된 속치마와 흐트러진 머리카락을 정리하지 못한 채 불쑥 나타난 엘리자베스를 "미쳤다."(25쪽)라고 흉보지만, 다아시는 운동으로 발그레해진 엘리자베스의 몸을 알아본다. 오스틴은 격식이나 평판에 얽매이지 않고 언니를 보러 가겠다는 욕망에 충실한 엘리자베스의 진솔함을 보여 주는 동시에 진흙 묻은 드레스와 상기된 두 뺨이 상징하는 그녀의 육체성을 간결하게 드러낸다. 흔히 여성 소설의 특징으로 간주되곤 하던 노골적인 성애 묘사, 그리고 그 반작용으로 이성을 강조하고 몸을 억압하는 편향과 모두 거리를 두면서, 오스틴은 새로운 방식으로 여성의 섹슈얼리티를 재현하고 그것이 어떻게 읽히는지를 여러 각도에서 보여 준다.

정숙한 여성상을 강요하고 재생산으로 수렴되지 않는 여성의 섹슈얼리티에 타락이라는 딱지가 붙던 시대, 여성의 몸은 한편으로는 안 보이고 존재하지 않는 것으로 인식되었고 다른 한편으로는 특정 유형의 몸으로 보이고 존재하기를 요구받았다. 무성적인 존재로 비가시성을 강요받는 동시에 남성의 관음적인 욕망의 대상으로 전시되어야 했다. 18세기 소설은 여성 인물의 용모와 신체적 특징을 서술함으로써 여성의 몸을 가시화하는 서사로 기능하지만, 그렇게 재현되는 여성의 몸은 통합적인 주체를 보여 주지 못했다.

오스틴의 서사가 여성의 몸을 드러내는 방식은 훨씬 미묘하고 구체적이면서도 통합적이다. 엘리자베스의 경우, 두 눈과 두 뺨이 종종 육체성을 환기한다. 반짝이는 두 눈이 지성을 상징한다면, 운동으로 달아오른 두 뺨은 건강을, 부모님과 철없는 동생들이 집안망신을 시킬 때마다 뻔뻔한 그들을 대신해 화끈거리며 달아오르는 두 뺨은 도덕적 감수성을 각각 드러낸다. 두 눈과 두 뺨은 단지 신체 기관의 일부로 재현된 것이 아니라 엘리자베스의 온몸을 대변한다. 많은 장면에서 엘리자베스는 걸으면서 생각에 잠겨 있는데, 이럴 때 그녀는 자기 몸의 온전한 주인으로 그려진다. 18세기 소설에서 여성의 몸은 종종 고통당하는 대상으로 그려지거나 공포에 내몰리는데, 엘리자베스의 몸은 이런 위협을 비껴가면서 시종일관 주체적으로 관리된다.

사실 다아시를 매혹시킨 것도 엘리자베스의 몸이다. 그가 엘리자베스의 총명하게 반짝이는 두 눈에 매혹되었다고 일찌감치 선언할 때, 이는 신체의 일부로서 두 눈을 가리킨 것이 아니다. 그가 본 것은 단지 두 눈이라는 특정한 신체 부위가 아니라 전체적으로 뿜어져 나오는 생기, 자연스럽고 편안하고 또 교육받은 여성에게서 찾아보기 쉽지 않은 장난기가 묻어날 정도로 자유롭게 몸을 움직이는 데서 나오는 건강한 활력이다.

틀에 박히지 않은 분방함, 요조숙녀답지 않은 활달함, 그리고 남성의 눈길을 의식하지 않고 자신의 욕망에 충실하게 행동하는 어린아이 같은 순수함 등 한마디로 "자연스러운 장난기"(16쪽)를 사랑하는 것이다. "자연스러운 장난기"라는 관념의 대변자로서가 아니라 "자연스러운 장난기"가 배어나 있는 두 눈과 두 뺨이라는 구체적이고 실제적인 몸을 가진 존재로서 그녀를 사랑하는 것이다.

엘리자베스의 뜀박질

오스틴이 엘리자베스의 몸을 드러내는 방식에 대해서는 최근에 많은 학자들이 흥미로운 해석과 분석을 내놓았지만, 이 소설에서 몸이 얼마나 중요한지를 가장 잘 이해한 사람은 놀랍게도 1996년 BBC 드라마 「오만과 편견」을 만든 감독인 듯하다.

이 드라마의 첫 장면에서 말을 타고 들판을 달려가는 두 남자가 나오는데, 이 장면은 (나중에 다아시와 빙리로 밝혀지는) 그들을 멀리서 바라보는 엘리자베스의 시선으로 수렴된다. 두 남자를 바라보던 엘리자베스는 뜀박질을 하면서 숲길을 빠져나와 집에 도착한다. 뜀박질하는 엘리자베스의 첫인상은 영화 전체에 걸쳐 반복적으로 재생된다. 진흙에 발이 푹 빠지는 장면을 포함해서, 엘리자베스가 발목까지 올라오는 부츠를 신은 채 두 팔을 벌리고 호쾌하게 달리는 장면이 여러 번 나온다.

　　이 드라마가 나오자마자 원작의 훼손 여부를 놓고 논쟁에 불을 붙였던 유명한 장면이 다아시의 목욕이다. 목욕을 마친 다아시가 가운을 걸친 채 창밖을 바라볼 때 엘리자베스가 개와 함께 뜀박질하며 소일하는 모습이 나온다. 이렇게 드라마는 엘리자베스의 몸을 드레스에 싸인 숙녀의 몸으로 박제하지 않고 뛰어다니고 땀 흘리고 더러워지고 발그레해지는 몸으로 만든다. 나아가 그런 몸을 욕망하는 다아시의 몸 역시 말 달리고 운동하고 수영하고 씻는 몸으로 만든다. 다아시의 목욕 장면은 자극적인 볼거리가 아니라 다아시와 엘리자베스의 관계에 생생한 육체성을 부여해 주는 영리한 각색의 사례라 할 만하다.

　　오스틴은 『오만과 편견』에서 몸을 재현하는 새로운 소설 언어를 실험한다. 흔히 근대 영국 소설을 자아를 찾아가는 개인의 이야기를 다룬 성장 서사로 이해하고 그런 맥락에서 개인의 내면세계, 주체성, 깨달음 등을 강조한다. 오스틴은 거기에 피를 돌게 하고 살을 붙여 몸을 재현한다.

　　이 소설에서 몸은 가시성을 획득한다. 소설의 두 번째 장에서 베넷 가족이 모여 앉은 응접실 풍경을 보면, 기침을 하는 넷째 딸 키티와 그 소리에 신경이 곤두선 베넷 부인이 등장한다. 다아시와 위컴이 우연히 마주쳤을 때 그들의 낯빛은 순식간에 변하고 엘리자베

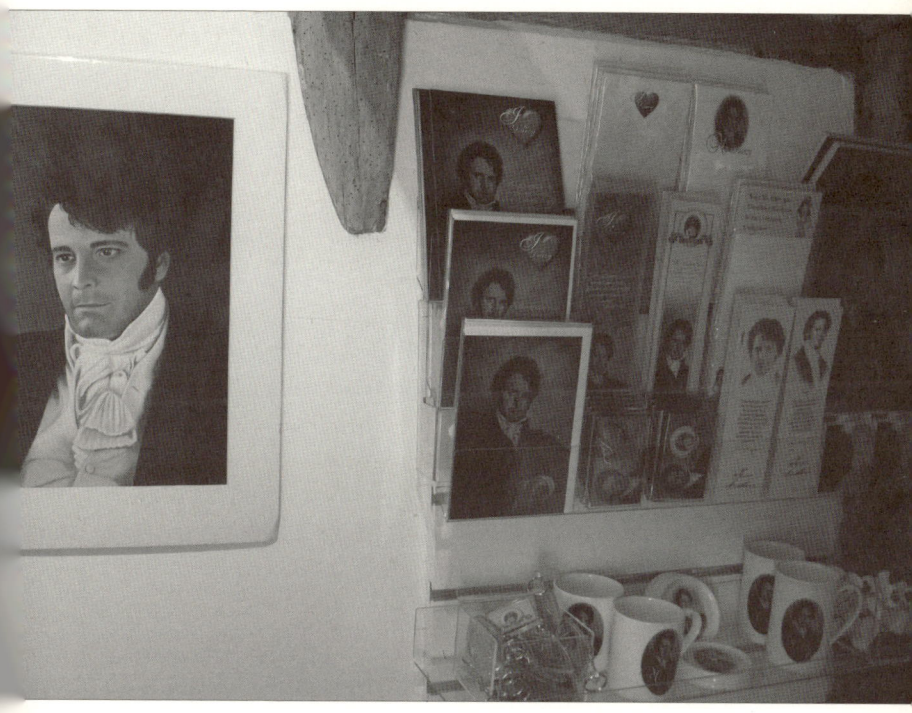

오스틴 현상

제인 오스틴 박물관의 기념품 가게 내부 모습이다. 드라마 「오만과 편견」에 나왔던 미스터 다아시의 이미지를 복제한 기념품이 가게 한쪽을 가득 채우고 있다. 오스틴 현상은 곧 다아시 현상이기도 하다.

스는 이를 놓치지 않고 의심하기 시작한다. 비를 맞아 병든 제인의 몸은 밤새 엘리자베스의 간호를 받아 회복한다. 엘리자베스는 베넷 부인의 무례한 언사에 얼굴을 붉힌다.

　이렇듯 몸을 구성하는 징후와 증상과 그에 대한 해석이 쉼 없이 소설 언어로 재현된다. 특히 엘리자베스의 몸, 눈과 뺨에 관심이 집중된다. 이를테면 리디아와 위컴의 도주가 수습된 후 다아시와 재회한다는 기대에 엘리자베스의 얼굴은 사라졌던 "색깔"을 되찾아 "생기"가 돌고 그 기쁨이 눈빛에 어려 "광채"가 난다.(254쪽)

　소설에서는 엘리자베스가 뛰는 대목이 딱 한 번 나온다. 위컴과 도주한 리디아의 행방을 알려 주는 편지가 도착했다는 하인의 말을 듣고 제인과 엘리자베스가 집 안으로 달려 들어가는데, "제인은 엘리자베스만큼 재빠르지 않고 뛰어다니는 버릇도 없어서 금방 뒤처지고 말았다."(229쪽)라는 것이다. 가볍게 스쳐 지나가는 한 구절을 두고 오스틴의 의도를 따지기는 무망한 일이겠으나, 적어도 여기서 제인과 엘리자베스가 차별화되는 효과가 발생한다는 점, 그리고 그 차이가 체력적인 우월함으로 드러난다는 점을 확인할 수 있다. 더구나 처음부터 야외에서 걷고 있는 엘리자베스의 이미지가 누적되어 왔기 때문에 제인보다 엘리자베스의 몸놀림이 가볍다는 지적이 전혀 어색하지 않다.

　드라마에서 반복적으로 나오는 엘리자베스의 뜀박질 장면이 이 지나가는 구절에 착안하여 발전된 것인지는 확인할 수 없지만, 어쨌든 드라마가 엘리자베스의 몸이 가진 생기, 활력, 해방감, 속도감, 그리고 그것의 희소성을 정확하게 간파함으로써 소설의 문제의식과 공명하고 있다는 점은 꽤 인상적이다.

엘리자베스의 몸은 한곳에 머무르지 않고 자주 이동한다. 엘리자베스는 일상적인 산책이든 이웃 방문이든 장거리 마차 여행이든 한곳에 머물지 않고 늘 옮겨 다닌다. 이는 이질적인 세계와 부딪혀 그 낯섦에 오염되기를 두려워하지 않는 모험가의 풍모를 연상시킨다. 엘리자베스가 샬럿과 콜린스의 신혼집을 방문하고 돌아올 준비를 할 때 캐서린 드 버그 여사가 숙녀는 절대로 홀로 길을 떠나서는 안 된다며 이런저런 사항을 확인하는 장면에서도 여성에게 부과되었던 이동의 어려움이 단적으로 드러난다. 엘리자베스가 4.8킬로미터를 그야말로 겁도 없이 혼자 걸어갔다는 사실은 이런 맥락에서 더욱 돋보인다.

진흙을 잔뜩 묻혀 오염된 엘리자베스의 몸을 알아본 다아시는 엘리자베스에 의해 오염되기를 두려워하지 않음으로써 사랑을 배운다. 그의 첫 번째 청혼에서 드러나지만 그는 엘리자베스의 집안과 연관된 일에 자신이 연루되는 것을 수치스럽게 여긴다. 그러다가 엘리자베스 집안의 명예가 걸린 일에 직접 나서서 신속하게 도움을 베풀어 줌으로써 엘리자베스의 고민을 함께 껴안는다. 그렇게 엘리자베스가 고민의 원천이었던 가족을 떠나 자신에게 올 수 있는 길을 열어 준다. 다아시는 엘리자베스가 달고 다니는 골치 아픈 집안 문제에 기꺼이 오염됨으로써 사랑을 얻은 것이다.

가난한 엘리자베스가 다아시 가문으로 들어와서는 안 된다고 주장하는 캐서린 드 버그 여사는 펨벌리의 우아한 정원이 엘리자베스에 의해 "오염"(273쪽)될 거라고 성토하지만, 이제 펨벌리는 새로운 안주인 엘리자베스를 맞이하여 변화할 것이다. 조금 더 개방적이고 민주적이고 생기 넘치는 펨벌리로 말이다.

더 살펴보기

책 읽는 여자

앞서 살펴보았다시피, 로맨스라는 용어는 영문학사적인 맥락에 닿아 있다. 그렇지만 최근 대중문화 담론에서 로맨스는 그저 여성들이 즐겨 읽는 특정한 유형의 사랑 이야기라는 협소한 의미로 유통되는 경향이 있다. 『오만과 편견』=로맨스'라는 공식은 소설이 로맨스에서 나왔다는 포괄적인 문학사적 맥락을 고려하면 틀린 말이 아니지만, 『오만과 편견』을 연애 소설의 원조로 보는 것은 어디에서부터 비롯한 것일까?

흥미롭게도 이는 로맨스의 유행을 최초로 선도한 작가가 다름 아닌 제인 오스틴 소설에서 영감을 받았다는 사실로 거슬러 올라간다. 오스틴의 문학적 명성은 19세기에 일찌감치 확립되었지만, 한 세기가 흐른 1921년, 뜻밖에도 소설가 조지트 헤이어가 하필 오스틴이 왕성한 작품 활동을 했던 바로 그 1810년대를 배경으로 한철 지난 로맨스를 발표해서 선풍적인 인기를 끈 것이다. 이렇게 로맨스는 1930년대 영국에서 중편 소설 분량의 대중적인 읽을거리로 유통되며 사랑에 빠진 남녀 주인공을 내세워 해피엔드의 결말을 보여 주는 단순한 사랑 이야기 정도로 유형화되고 상투화되었다.

이 영국 로맨스를 1957년 캐나다의 할리퀸 출판사가 수

입해 미국 시장에 팔기 시작하면서 '할리퀸 로맨스'가 출범했다. 1970년대 중반부터는 미국 작가들이 쓴 로맨스가 미국 내 독서 시장에서 압도적인 점유율을 차지했을 뿐 아니라 세계적으로 수출되기 시작했다. 출간되자마자 미국 내 시장에서 200만 권이 넘게 팔리는 초대형 베스트셀러들이 속출했으며, 1980년대 중반까지도 한 달에 80여 권의 신간이 쏟아져 나올 정도로 독서 시장을 이끌었다. 현재까지도 로맨스를 읽는 독서 인구는 방대하여 독서 판매량의 50퍼센트 이상이 로맨스라는 통계가 나와 있을 정도다.

로맨스는 특정한 유형의 연애 판타지로서 독립된 출판 장르로 확립되었다. 로맨스의 인물과 배경과 플롯과 결말은 거의 유형화되어 있어서, 특정한 직업과 특정한 외모를 가진 남녀 인물이 특정한 상황에서 특정한 대사를 하고 특정한 위기 국면을 맞이하고 특정한 방식으로 사랑을 나누는, 그야말로 예측 가능하고 빤한 이야기다. '반복'이라는 대중문화의 근본적인 속성이 그대로 드러나는 것이다.

대량으로 소비되는 로맨스를 바라보는 영문학계의 시선은 싸늘하다. 더구나 여자들이나 읽는 책이라는 일차적인 판단은 여성 문학에 대한 오랜 편견과 맞물려 로맨스에 대한 비판을 양산했다. 언제나 결혼이라는 정해진 결론으로 끝나는 것도 그렇고, 로맨스 서사에 종종 차용되는 자극적인 성애 묘사는 여성의 욕망을 드러내기를 추구하는 페미니즘 진영으로부터도 공격받기 일쑤다.

관습적인 진부함에도 불구하고 로맨스에 여성 문학으로서의 잠재력이 있다면, 그것은 조건부로 로맨스를 지지하는 대부분의 여성 문학 비평가들이 지적하듯이 로맨스의 소망 충족 구조가 끊임없이 여성의 불만과 결핍을 환기함으로써 여성의 욕망을 보이도록 하고 발화되도록 한다는 점이다. 최근 직장 여성의 일과 사랑을 주제로 한 칙릿이 인기를 끈 것은 로맨스의 진화라고 할 수 있다.

  칙릿은 영화로 만들어지면서 기존 로맨틱 코미디 장르를 부활시켰다. 소망 충족의 판타지를 제공하는 로맨틱 코미디 장르의 기본 틀이 연애와 결혼을 핵심으로 하는 오스틴 소설의 서사 구조와 맞아떨어지면서, 오스틴 소설은 여성의 욕망을 이해하고 여성이 원하는 남성을 그려 주고 여성의 행복을 응원하는 여성을 위한 로맨스 소설로 자리 잡았다.

10장 평등의 윤리

캐서린 드 버그 여사가 엘리자베스를 찾아와 다아시와의 교제는 결코 있을 수 없는 일이라며 관계를 끝내라고 종용하는 대목은 엘리자베스의 기개를 드러내는 상징적인 순간이다. 다아시의 호칭에 그냥 '미스터'만 붙은 것으로 알 수 있듯이, 다아시 가문은 작위를 받은 귀족 계급에 속하지 않는다. 그렇지만 오랜 세월 많은 재산과 명망을 쌓아 온 상류층으로서 귀족 가문과의 혼사를 통해 지위를 유지해 왔다.

다아시의 이모인 캐서린 드 버그 여사의 '여사(Lady)'라는 호칭은 귀족의 표지이다. 캐서린 드 버그 여사는 자신의 딸을 조카인 다아시와 결혼시켜 두 상류층 가문의 재산과 지위를 유지할 길을 도모한다. 캐서린 드 버그 여사가 보기에 엘리자베스는 기껏 중간 계층 출신으로 신분 상승을 노리는 근본 없는 여성일 뿐이다.

"타고난 신분을 벗어나지 못할 것"이라는 캐서린 드 버그 여사의 조롱을 듣고 엘리자베스는 "제가 여사님의 조카와 결혼한다 해도 타고난 신분을 벗어나는 건 아닙니다. 그분은 신사, 전 신사의 딸, 우리는 평등합니다."(272쪽)라고 대꾸한다. 엘리자베스가 말하는 '신사'는 넓은 의미의 신사 계층, 즉 작위를 가진 세습 귀족과 땅을 가진 전통적인 '젠트리'를 포괄한다. '미스터' 다아시와 '미스터' 베넷 사이에는 건널 수 없는 재산과 지위의 간극이 있지만 이들의 계급적인 신분에는 근본적인 차이가 없다는 점에서 다아시와 엘리자베스는 "평등하다(equal)"는 것이다.

엘리자베스의 반격에 일리가 있음을 인정한 캐서린 드 버그 여사는 이제 엘리자베스의 외가 쪽을 문제 삼기 시작한다. 외가 쪽 배경은 전문직 부르주아로, 약소하나마 토지를 물려받은 베넷 가문에 비해 신분이 열등하다. 캐서린 드 버그 여사가 경멸하는 엘리자베스의 외삼촌 가드너는 무책임한 베넷 부부를 대신해 조카들을 거두고 보살피는 역할을 하며 마지막 순간까지 엘리자베스의 사랑과 존경을 잃지 않는 견실한 인물이다. 가드너 부부는 베넷 부부를 대신해 엘리자베스의 대리 부모가 될 정도로 인품이 뛰어나지만, 상류계층의 편협한 특권 의식에 사로잡힌 캐서린 드 버그 여사는 초라한 출신 배경만 보고 가드너 부부를 경멸한다.

계급 유지의 정략적인 측면에서 결혼을 바라보는 캐서린 드 버그 여사의 고루한 결혼관은 개인의 선택권, 자율성, 주체성을 인정하지 않는다. 캐서린 드 버그 여사는 다아시와 자신의 딸의 혼사를 이미 기정사실로 믿고, 엘리자베스를 찾아와 두 사람 사이를 방해하지 말라고 당당하게 꾸짖는다. 엘리자베스는 "제가 그를 거절한다고 해도 그가 여사님의 딸을 사랑할지"(273쪽) 알 수 없다고 대꾸한다. 캐서린 드 버그 여사의 의도와 계획대로 다아시가 움직여 줄 거라는 기대가 애초에 잘못이라는 말이다. 부모 세대가 아무리 정략 결혼을 설계하더라도 다아시의 선택을 통제할 수는 없다는 캐서린 드 버그 여사의 불안감을 엘리자베스가 정확하게 건드린 셈이다.

이 소설에서는 여러 쌍의 연애와 결혼이 이루어진다. 다아시와 엘리자베스, 그리고 제인과 빙리의 결합처럼 얼마간 새롭고 미래 지향적인 관계뿐만 아니라 샬럿과 콜린스처럼 편의와 필요에 의해 신속하게 결혼에 이른 쌍이 있는가 하면 위컴과 리디아처럼 순간적인 충동으로 결합하는 쌍도 있다. 이 네 쌍의 결합은 모두 당사자들의 선택에 의해 자발적으로 이루어진다. 그 선택의 질을 평가하는 일과는 별개로, 여기에는 당대 개인주의에 대한 두터운 신뢰가 녹아 있다.

결혼이 성사되기 위해서 부모나 부모에 준하는 권위를 가진 권력자의 간섭이 나오고 주변 사람들의 온갖 도움이 실질적으로 필요하다는 점에서 결혼이 공동체적인 행사로서의 성격을 지니는 것은 변함이 없지만 더 이상 개인의 뜻을 거슬러 결혼이 강제되는 사례는 없다. 엘리자베스와 다아시, 제인과 빙리, 샬럿과 콜린스, 리디아와 위컴, 이들은 각자 자신의 욕망과 의지에 충실한 선택을 내려 결혼에 이른다. 엘리자베스가 캐서린 드 버그 여사에게 한 수 가르쳤듯이, 부모가 아무리 조종을 해도 아들과 딸은 그 말을 듣지 않는 법이다.

결혼에 이른 네 여성 인물 엘리자베스, 제인, 샬럿, 리디아 중 어느 누구도 비참하게 불행하지 않다. 리디아와 위컴은 아무런 애정도 관심도 없이 사는 부부가 되었다고는 하지만, 차마 이 부부를 못

본 체할 수 없는 제인과 엘리자베스가 경제적 도움을 주면서 리디아를 거두어들이는 한 리디아의 삶이 바닥으로 떨어지지는 않을 것이다.

『오만과 편견』에서 불행한 여성은 없다. 오스틴의 다른 작품에서 흔히 감지할 수 있는 불행한 여성의 그림자, 여성의 죽음에 대한 암시, 소외와 고통 등의 느낌이 거의 없다. 신경 쇠약을 호소하는 베넷 부인만 하더라도 자식들 앞에서 남편의 놀림거리가 되는 고통을 겪을망정 불행한 여성이라 보기 힘들며, 차라리 그런 놀림거리가 되는 고통을 과장하여 그것을 권력화하는 편이다.

『노생거 수도원』에서는 대령의 죽은 부인이 계속 언급되고, 『분별과 감성』에서는 아이를 낳다가 죽은 어린 여성의 이야기가 전해지고, 『에마』에서는 병석에 오래 누워 있던 처칠 부인이 세상을 떠나고, 『설득』의 여주인공은 죽은 어머니를 그리워한다. 꼭 등장하던 죽은 사람에 대한 이야기가 『오만과 편견』에는 신기하게도 쏙 빠져 있다.

리디아와 위컴의 결혼 생활이 평탄치 않으리라 짐작되지만, 그렇다고 리디아로부터 수난을 당하는 여성의 모습을 추출하기는 무리다. 오히려 리디아가 끊임없이 제인과 엘리자베스를 압박하여 그들의 도움에 기생하는 모습은 그녀의 무분별함과 충동적인 태도가 모종의 권력이 될 수 있음을 암시한다. 이렇게 리디아가 자기 욕망에 충실한 '악녀'의 각본을 새롭게 쓰는 사이, 여성을 희생자로 삼는 수난사 각본은 뒷전으로 물러난다.

평등을 선언하다

엘리자베스가 캐서린 드 버그 여사에게 다아시와 자신이 "평등하다."라고 선언하는 순간, 펨벌리에서 엘리자베스와 다아시가 조우했을 때에 버금가는 서사적 긴장이 터져 나온다. 단순히 이들의 계급적 신분이 평등하다는 사실을 밝히는 차원을 넘어서는 힘이 담겨 있기 때문인데, 그 힘은 계급적인 평등을 성적인 평등으로 치환하는 데서 나온다.

사실 엘리자베스와 다아시의 결혼은 계급적으로 얼마든지 있을 수 있는 일이다. 전통적인 재력가인 다아시 가문, 신흥 부자 대열에 합류한 장사꾼 출신의 빙리 집안, 그리고 가난하지만 저택과 토지를 물려받은 베넷 가문 사이에 여러 갈래의 혼담이 오가는 상황은 경제력과 사회적 영향력에서 편차가 꽤 나는 다양한 계층이 결혼을 통해 결합함으로써 넓은 의미의 젠트리를 이루었던 당대의 유연한 계급 구조를 짐작케 한다.

캐서린 드 버그 여사의 고압적인 태도는 이런 계급 연합과 연대를 반영한 보편적인 정서라기보다 구세대의 귀족적 자존심의 잔여물에 가깝다. 그녀는 엘리자베스와 같은 신세대에 의해 점점 자리를 잃어 갈 운명이다. 엘리자베스의 선언은 젠트리 내부의 포괄적인 평등이라는 이미 존재하는 현실을 확인해 줄 뿐 아니라 남녀 관계의 평등이라는 아직 실현되지 않은 미래까지 함축하여 드러낸다. 여성이 남성과 일대일 관계를 만들어 갈 수 있는 평등한 지위를 가져야

한다는 미래의 당위를 말하는 것이다. 혼담이 오가는 두 집안의 아들과 딸은 서로 평등해야 마땅하다. 계급적인 평등이라고 쓰여 있지만 이는 성적인 평등으로 읽어야 한다.

앞에서도 지적했지만, 엘리자베스가 "평등하다."라고 말할 수 있는 것은 인쇄 문화의 확장과 문해력의 향상, 프랑스 혁명의 여파로 인한 개혁 담론의 보급이 맞물리면서 합리적 이성과 진보를 신봉하는 계몽주의적 사고가 먼 시골 마을에 살면서 홀로 책 읽고 사색하기 좋아하는 영민한 여성 엘리자베스의 사생활에까지 영향을 끼친 결과이다. 권위적이고 관습적인 것을 비웃으며 매사에 주관이 뚜렷하고 스스로 판단하기를 주저하지 않는 엘리자베스는 당대의 시대적 기운인 합리적인 개인주의의 에토스를 실천하는 인물이다.

오스틴이 가장 공들인 부분은 엘리자베스의 생각하는 능력이다. 보편적인 진리, 아니 보편적인 진리로 일컬어지고 받아들여지는 일련의 관습적인 생각들, 편견에 지나지 않는 것으로 자주 판명되곤 하는 그런 굳어진 생각들을 버리고 스스로 생각하는 능력 말이다. "널리 인정받는 진리"라는 표현이 들어간 소설 첫 문장의 묘미를 이미 언급했다시피, "널리"에 해당하는 'universally'는 '보편적으로'나 '두루두루'의 의미를 띠는 말로서, 구체적이고 개인적이고 직접적인 것에 반대되는 일반적인 상황을 가리킨다.

오스틴은 "널리"를 종종 수동형 동사와 짝지어 쓴다. 예컨대 위컴이 "널리 사랑받는"(68쪽) 인물로 여겨진다든가, 캐서린 드 버그 여사가 엘리자베스를 찾아와서 다아시와 사귄다는 소문이 "널리 부정된다."(270쪽)라고 강변하는 장면이 그렇다. 위컴이 두루두루 좋은 사람으로 회자되지만 그것은 그와 직접 인연을 맺은 적 없는 사람들의 막연한 느낌에 그칠 뿐이고 구체적인 미덕이나 선행이라고는 한 가지도 정확하게 알려진 게 없는 상황, 그리고 캐서린 드 버그 여사가 마치 여론 조사라도 해 본 것처럼 사람들이 두루두루 반대할 거라면서 엘리자베스를 위협하는 상황은 "널리"라는 수사가 얼마나 자의적으로 쓰이는지를 잘 보여 준다.

"널리"라는 수사를 극복하는 길은 엘리자베스가 실천하듯이, 홀로 걷고 생각하고 이해하고 판단하는 것이다. 엘리자베스는 "널리 인정받는 진리"가 아닌 스스로 경험하고 인식하고 깨달은 진리, 그리고 편파적이고 사사로운 이해관계에 영향을 받는 태도를 버리고 다양한 관점에서 의견을 수렴하여 전체를 조율하는 과정에서 도출되는 총체적인 진실을 추구한다.

이러한 진리의 지위와 가치는 엘리자베스가 펨벌리를 방문했을 때 그 집의 건축적인 아름다움을 통해 비유적으로 드러난다. 펨벌리의 가장 빛나는 특징은 자연스러움, 그리고 다양함이다. 엘리자베스는 "자연의 아름다움이 어쭙잖은 취향에 의해 훼손되지 않은"(185쪽) 집에 들어가서 응접실 창문 밖으로 숲과 땅과 강이 어우러진 풍경을 한눈에 내다보고, "다른 방을 지나갈 때마다 그 풍경이 다르게 보였지만 어느 창문에서 내다보아도 여전히 아름다웠다."(186쪽)라고 설명한다. 어느 창문으로 어느 각도에서 내다보아도 조금씩 다르지만 공평하게 아름다운 풍광을 감상할 수 있다는 말은 펨벌리의 자연미, 다양성, 조화, 균형미 등을 강조한다.

어느 하나의 창문을 특권화하여 최고의 경치를 독점적으로 바라볼 수 있도록 하지 않고 창문마다 색다른 아름다움을 볼 수 있도록 설계하되 사람의 손길이 닿은 듯 닿지 않은 듯 인공적인 꾸밈을 자제하면서 주어진 자연 조건이 최대한 살아나도록 배려하여 건축한 아름다운 공간 펨벌리, 이곳은 이상적인 가정 공간, 권력, 리더십, 아름다움뿐 아니라 이상적인 소통 방식, 앎과 진리의 습득 방식까지 은유한다. 조금씩 다른 아름다운 풍광을 공평하게 보여 주는 창문이 있는 집에서 자유롭게 사색하고 즐길 수 있는 상태는 바로 엘리자베스가 가고자 하는 인식론적인 여정의 궁극적인 목표일 것이다.

다아시의 편지를 읽는 데서 시작한 인식론적 여정이 펨벌리에서 마무리되는 것은 더없이 적절하다. 애초에 더비셔 지역을 둘러보려던 계획이었다가 전날 밤 갑작스럽게 펨벌리를 방문하기로 전격 결정한 것은 꽤 극적이다. 펨벌리가 안중에도 없었던 것은 아니어서 엘리자베스는 여행 계획을 세울 때부터 "그 사람 사는 지방에 간다고 잘못은 아닐 테니까, 가서 그 사람에게 들키지 않고 돌멩이나 몇 개 훔쳐 와야지."(183쪽)라고 생각한다. 그녀는 무의식적으로 이 여행의 수확이 단순한 관광이 아니라 다아시와 연관된 진실의 추구에 있다고 믿은 것이다.

그보다도 훨씬 전에 외삼촌 부부와 여행을 하기로 결정했을 때부터 엘리자베스는 이 여행에 남다른 의미를 부여했다.

우리는 돌아오고 나면 본 것을 하나도 정확하게 설명하지 못하는 다른 여행자들 같진 않을 거예요. 우리가 들렀던 곳을 잘 알고 본 것을 잘 기억할 테니까요. 호수와 산과 강이 우리 상상력 안에서 마구 섞이지 않도록 하고, 어떤 경치를 묘사할 때에도 주변 상황을 두고 누구 말이 맞는지 싸우지 말아요. 감격을 쏟아 놓을 때도 다른 여행자들의 일반적인 표현보다는 봐 줄 만하게 해야죠.

─『오만과 편견』, 119쪽

엘리자베스는 당대에 유행하는 여행담의 천편일률적인 화법을 간접적으로 비판한다. 새로운 여행담을 말하고 싶다는 엘리자베스의 각오는 결국 말하기 방식만이 아니라 여행 자체의 의미라든가 여행객이 지녀야 할 감정 구조와 해석 태도 자체를 새롭게 짜 보겠다는 것이다. 여행에서 본 것을 정확하게 기억하고 돌아오겠다는 것은 새롭게 기억하고 돌아오겠다는 말과 다르지 않으며, 아예 여행의 문법을 새롭게 창조하겠다는 의지의 표현이기도 하다.

그만큼 엘리자베스는 펨벌리 여행이 감각과 인식과 기억에 중요한 계기로 작동하리라는 기대를 미리부터 품고 있었다. 그래도 펨벌리에서 무엇을 어떻게 보고 해석하고 기억할 것인지에 대한 구체적인 대답은 미리 준비할 수 있는 성질의 것이 아니며, 그 현장에서 스스로 깨달음으로써 획득할 수밖에 없다. 깨달음을 예감하고 기대할 수는 있지만 그 내용은 알 수 없다. "펨벌리에서 아름다운 땅을 봤을 때"에야 비로소 무엇을 예감하고 무엇을 기대했는지 구체화된다.

'여성화'에서 '여성'으로

　엘리자베스가 여성 주체로 우뚝 서는 것은 전지적인 화자가 모든 등장인물과 공평하게 거리를 두고 순전히 객관적인 수집에 치우친 서술만을 목표로 하는 대신 유독 엘리자베스의 내면을 자유롭게 드나들면서 그녀의 생각을 솔직하게 중계하는 서술을 구사함으로써 달성된다. 하지만 더 근본적으로 엘리자베스가 자기 목소리로 발화하기를 두려워하지 않는 인물로 구현되었다는 점이 중요하다.

　소설이 열리고 독자가 엘리자베스에 대해 알게 되는 첫 번째 사실은 베넷 씨가 다섯 딸 중에 엘리자베스를 가장 총명하다고 평가하며 몹시 아낀다는 것이다. 두 번째로 알게 되는 것은 "어리석음을 비웃기 좋아하는 활달하고 장난스러운 성격"(8쪽) 덕분에 다아시의 무례한 태도를 웃어넘길 정도로 여유롭다는 설명인데, 보통의 스무 살 아가씨에게서 흔히 볼 수 없는 배짱이 엿보인다.

　바로 이어지는 장면에서 언니 제인이 빙리를 칭찬하며 그의 친절한 관심에 감격스러워하자 엘리자베스는 다음과 같이 말한다.

"그럴 줄 몰랐다고? 난 그럴 줄 알았지. 그게 언니와 나의 큰 차이야. 언니는 칭찬을 받을 때 놀라잖아. 난 아니거든. 빙리가 언니를 찾는 게 뭐가 놀라워? 언니가 다른 여자들보다 다섯 배는 더 예쁜데 그걸 빙리가 모를 리 없지. 빙리에게 고마워할 거 없어. 어쨌든 그 사람 괜찮더라. 좋아하는 걸 허락해 줄게. 더 멍청한 남자도 좋아했었잖아."

―『오만과 편견』, 9쪽

단편적인 대답을 제외하면 실질적으로 처음 등장하는 엘리자베스의 대사인데, 여기에서 그녀가 구사하는 화법은 그녀의 특징을 압축적으로 보여 준다. 엘리자베스는 미모와 정숙함으로 인정받아 온 언니 제인을 가볍게 놀리면서 남녀 관계의 어떤 전형성이랄까 관습적인 면을 시원하게 비웃는다. 여성이 감격스러워하거나 고마워할 필요가 없다는 것이나 "멍청한" 남자라고 직설적으로 말해 버리는 것에서도 드러나지만, 위 대사에서 전반적으로 묻어나는 엘리자베스의 당돌함은 연애 풍속에 대한 반(反)낭만적인 태도, 그리고 그것을 솔직하게 발화해도 괜찮다는 자신감을 보여 준다.

콜린스의 편지를 베넷 씨가 낭독하자, 대뜸 "도무지 말이 안 되는 사람이야. 뭐 이런 남자가 있을까. 글은 어찌나 폼 잡으며 썼는지."(48쪽)라고 비웃는 장면도 마찬가지다. 엘리자베스는 일단 남자를 잠재적인 연애와 결혼의 상대자로 봐야 한다는 일종의 정언 명령을 가볍게 무시하면서, 남자도, 그리고 남자에게 모든 것을 거는 여자도 다 멍청하다고 누구의 눈치도 보지 않고 말해 버린다.

결국 자기가 해 버린 말을 책임지는 법을 배우는 것이 엘리자베스가 도달해야 하는 성장의 지점이다. 그녀는 다아시에게 쉽게 내뱉은 말을 성찰하고 성숙한 화법과 태도와 생각을 배운다. 앞서 지적했다시피, 이 과정에서 오스틴은 엘리자베스를 굴복시키고 주저앉히는 대신 그녀의 '튀는' 태도가 가진 위험성을 일깨우되 그 잠재력과 가능성을 억압하지 않는 방식으로 깨달음의 기회를 선물한다.

오스틴은 번잡한 응접실을 피해 산책로나 숲길로 홀로 걸어 들어가게 배려함으로써 엘리자베스에게 생각할 수 있는 공간과 시간을 확보해 준다. 그리고 어떤 경우에도 어느 집안의 딸이나 누구의 친척이 아니라 그저 엘리자베스 베넷이라는 한 개인, 자신의 운명을 스스로 결정할 수 있는 독립된 주체임을 잊지 않도록 격려한다. 물론 끝까지 어느 집안의 딸이고 누구의 친척으로 남을 수밖에 없어서 리디아와 위컴 부부와도 계속 인연을 이어 가는 처지가 되고, 이것이 엘리자베스의 운명의 일부이긴 하다. 중요한 것은 엘리자베스가 그런 인연을 어떻게 할 것인가를 스스로 생각하고 결정하는 주체라는 점이다.

엘리자베스는 자신에게 맞는 남성, 자신의 욕망을 이해하고 그것을 실현하도록 도와줄 남성을 정확하게 알아보고 그와 어떤 관계를 맺을 것인지를 스스로 결정한다. "그녀의 가벼움과 발랄함은 그의 마음을 부드럽게 하고 그의 매너를 향상시켰을 테고, 그의 판단력과 지식과 세상에 대한 식견은 그녀를 더 중요한 사람으로 만들어 주었을 테니까" 다아시가 자신에게 "가장 잘 맞는" 남자이고 두 사람의 결합이 "서로에게 득이 되는"(237쪽) 것을 엘리자베스가 깨닫는 순간은 열렬하고 격정적인 사랑의 고백과는 그 결이 몹시 다르지만, 메마른 이해타산을 내세운 판단과는 아예 차원이 다르다. 이 대사는 도주해 버린 리디아와 위컴이 겨우 결혼에 합의했다는 소식이 알려질 때 나온다. 위컴의 과거를 소상히 알고 있으면서도 그를 집안 식구로 받아들여야 하는 열패감과 다아시와 자신 사이에 "건널 수 없는 강"이 있음을 인정할 수밖에 없는 절망감에 휩싸인 상황에서 엘리자베스는 비로소 선명하게 알게 된 자신의 욕망을 정직하게 고백한다.

"서로에게 득이 되는" 결합이라는 판단은 '계산'과 다르다. 일찍이 콜린스가 엘리자베스에게 청혼하면서 그들의 결혼이 서로에게 득이 된다는, 그리고 다들 그렇게 생각할 거라는 논리를 펼쳤지만 엘리자베스는 절대로 수긍하지 않았고 서로 불행해질 것이라고 단언했다. "서로에게 득이 되는" 관계를 이루기 위해서는 "널리 인정받는 진리"가 아니라 구체적이고 개별적인 욕망에 대한 이해가 필요하다.

엘리자베스가 원하는 것은 막연하게 자신을 궁핍에서 구제해 줄 것이라 일반적으로 기대되는 남성이 아니라 "판단력과 지식과 세상에 대한 식견"으로 보통 여자들이 누리지 못하는 어떤 사회적 중요성을 자신의 삶에 부여해 줄 수 있는 능력을 갖춘 동반자이다. 자신에게 맞는 남성을 만날 때까지 오스틴의 여주인공들은 거절하기를 두려워하지 않는다. 내키지 않는 청혼은 당당하게 거절하며, 남성의 호의와 관심을 자연스럽게 받아들여 즐길 만큼 즐기면서 선택을 고심한다.

『오만과 편견』을 덮으면서 새삼 깨달은 것은 오스틴이 여주인공의 모험과 깨달음의 여정을 지지하는 동시에 그것을 남자 주인공에게도 공평하게 경험되도록 만든다는 사실이다. 엘리자베스와 다아시는 초반에 각자의 최고 모습을 보여 주지 못한다. 엘리자베스 가족의 치부가 드러나듯 다아시 가족의 치부 또한 캐서린 드 버그 여사의 고압적인 태도라든가 조지아나의 과거와 같은 형태로 드러난다. 두 사람은 각자의 실수와 수치와 고통을 껴안은 채 상대방에게 더 나은 모습을 보여 주려고 절치부심한다. 그런 점에서도 엘리자베스와 다아시는 "평등하다."

나아가 두 사람은 서로를 평등하게 만든다. 두 사람은 서로 영향을 주고받으면서, 또 서로 읽고 읽히면서, 평등한 수준의 애정에 도달한다. 각자 독립된 개인으로서 평등하다는 차원을 넘어서, 두 사람이 관계를 만들어 가는 과정을 통해 상호 평등이 실현된다. 『오만과 편견』을 여성 문학의 고전으로 만들어 주는 것은 이러한 두 사람의 근원적인 평등이 아닐까. 엘리자베스의 "평등하다."라는 선언에는 계급적 평등과 성적 평등을 아우르는 관계의 평등에 대한 믿음이 들어 있다. "우리는 평등합니다."는 "우리는 똑같이 사랑합니다."로 번역되어도 손색이 없다. 『오만과 편견』이 근대 소설로서, 여성 문학으로서, 로맨스로서 읽을 가치가 있다면 이러한 평등한 관계, 관계의 평등, 그것을 가능하게 해 주는 사랑의 비전이 우리에게 여전히 윤리적 울림을 주기 때문일 것이다.

│더 살펴보기

포스트페미니즘의 도전

영문학이 학문으로 제도화되기 시작한 1950~1960년대에 영문학자들은 대부분 남성이었다. 이들은 오스틴의 작품을 높이 평가했다. 그렇지만 이들이 쓰는 영문학사는 전체적으로 남성 중심적인 역사일 수밖에 없었다.

1970년대 중반부터 여성 영문학자들이 여성 문학사를 쓰기 시작하면서 여성 소설가들에 대한 평가가 다양하고 깊이 있게 발전하기 시작했다. 페미니스트 문학 비평의 분수령이 된 저서를 꼽자면, 일레인 쇼월터의 (울프의 『자기만의 방』을 떠올리게 하는 제목인) 『그들만의 문학』(1977)과 샌드라 길버트와 수전 구버가 함께 쓴 『다락방의 미친 여자』(1984)를 들 수 있다. 이들은 여성 문학의 정치적이고 미학적인 전략을 구체적으로 분석함으로써 풍부한 논쟁의 장을 열었다.

1980년대는 영문학계가 다양한 비평 이론을 흡수하며 그 외연을 넓히던 때로, 페미니스트 문학 비평도 전성기를 맞았다. 특히 프랑스 학자들의 영향력이 컸다. 줄리아 크리스테바, 루스 이리가레, 엘렌 식수, 모니크 위티그 등을 '프랑스 페미니스트들'로 묶으면서 이들의 사상을 두고 한동안 치열한 논쟁이 벌어졌다. 그 핵심 개념 가운데 하나가 '여성적 글쓰기'였다. 입장과 강조점이 달라지는 부분이 있지만, 이들의 대체적인 주장은 서구 문명의 인식 체계와 상징 구조가 남근 중심적이고 이성 중심적이라는 것, 남성의 타자로서 '남성이 아닌' 성으로 규정되어 온 여성은 자신의 욕망을 재현할 언어를 가지지 못했다는 것, 그리고 여성의 언어를 찾으려면 여성의 몸으로 돌아가야 한다는 것이었다.

페미니스트 문학 비평뿐 아니라 페미니즘 담론 전반에 걸쳐서 '여성'과 '여성적'이라는 범주는 언제나 논쟁의 중심을 차지한다. 이 범주가 페미니즘의 인식론적 토대인 동시에 페미니즘이 저항하는 남성 중심적인 사회 체제의 산물이라는 이중적인 성격에 결박되어 있기 때문이다. 예컨대 '여성적인' 가치를 옹호하는 것은 남성성과 여성성을 이분법적으로 설정하고 여성성을 타자화하는 기존의 젠더 문법으로 회귀하는 효과를 낳는다.

1990년대 페미니스트 문학 비평의 진화는 이러한 모순의 회로를 벗어나는 대안을 모색하는 것이라고 할 수 있다. 한편으로는 인종과 계급과 지역과 세대에 따른 여성들의 경험의 편차와 다양성에 대한 논의가 활발하게 나와서 전통적인 페미니즘 담론의 한계를 극복하려 했다. 흑인 여성 작가나 소수 인종 여성 작가의 글쓰기에 대한 적극적인 관심이 이를 반영한다. 다른 한편으로는 기존의 젠더 문법에 담기지 못한 섹슈얼리티의 모호하고 비결정적인 면모를 부각함으로써 편협한 이분법의 구도를 교란하려 했다. 게이, 레즈비언, 양성애, 트랜스젠더 문학을 포괄하는 '퀴어' 담론이 대표적이다.

『오만과 편견』과 관련하여 말하면, 이 소설을 단지 엘리자베스와 다아시의 로맨스로 보는 관습적이고 일면적인 해석에 저항하면서 주변부에 잠복하는 다양한 섹슈얼리티의 흐름에 주목하는 비평이 나온 것은 1990년대 페미니스트 문학 비평의 방향을 예시한다. 문학 비평뿐 아니라 오스틴 현상도 그 영향을 받았다고 할 수 있다. 예컨대 앞에서 소개했던 소설 『제인 오스틴 북클럽』에서 『오만과 편견』의 샬럿이 동성애자로 재해석된다.

　　　　페미니즘 문학 비평의 진화 과정은 경쟁과 협상을 통한 꾸준한 자기 갱신이다. 그런 의미에서 최근의 '포스트페미니즘' 담론은 페미니즘 문학 비평의 적실성에 대한 도전이자 자극이다. 실제로 어떤 여성들이 어떤 물질적 조건과 역사적 국면에서 무엇을 어떻게 써 오고 있는지를 구체적으로 살펴보는 작업이 계속되는 한, 페미니스트 문학 비평은 여전히 여성의 문학 활동에 맥락을 입히고 그 가치와 의미를 읽어 낼 수 있는 유효한 방법론이다.

결론
여성적 글쓰기

　　지금까지 살펴본 대로 『오만과 편견』의 여주인공 엘리자베스 베넷은 자기 성찰적인 주체, 몸의 주체, 그리고 말하는 주체로서의 면모를 강렬하게 보여 준다는 점에서 새로운 여성 주체의 탄생을 구현한다. 앞서 자기 성찰적인 주체적 면모를 설명할 때, 오스틴이 감정이 앎에 필요하다는 사실을 인정하면서도 궁극적으로 감정을 관리함으로써 그것이 일정한 자리를 획득하도록 한다고 설명했다. 오스틴이 엘리자베스의 성찰적인 면모를 강조한 것은 지나친 감상성과 안일한 교훈성과 상투적인 순응성에 안주하지 않고 철저하게 현실감 있고 긍정적인 여성적 세계를 그리고자 하는 작가적 열망이 컸기 때문일지도 모른다.

　　그렇다고 엘리자베스가 완벽한, 혹은 완성된 여성 주체로 재현되는 것은 아니다. 엘리자베스의 주체는 경계에 걸쳐 있고, 균열과 분열적 징후를 보인다. 엘리자베스가 외숙모에게 편지로 다아시의 청혼을 받아들인 사실을 알리면서 "제인 언니는 그냥 미소 짓지만 난 깔깔 웃는답니다."(293쪽)라고 장난스럽게 행복감을 과시할 때, 종종 깔깔 웃음을 터뜨리면서 "웃겨 죽겠어."를 연발하는 막내 리디아의 모습이 겹쳐진다. '깔깔 웃기'는 뜀박질, 농담, 장난기, 솔직함, 말대꾸, 청혼 거절 등 엘리자베스의 탈규범적이고 반항적인 태도의 정점을 보여 주는 동시에 리디아와 엘리자베스 사이의 공통분모를 집약적으로 보여 주기도 한다. 엘리자베스와 리디아는 위컴이라는 한 남자를 두고도 겹쳐지는 관계이다.

엘리자베스는 매사에 진지한 제인을 가끔 놀려 먹을 수 있지만, 세상만사를 농담에 불과한 것으로 우습게 만들어 버리는 무책임한 리디아 앞에서는 사실상 속수무책이다. 냉소적인 농담을 즐기는 아버지 베넷 씨 앞에서도 그렇다. "속으로는 울고 싶지만 겉으로는 웃을 수밖에 없는"(278쪽) 야속하고도 괴로운 상황을 피할 수 없다. 이는 엘리자베스의 웃음의 분열적인 성격, 나아가 엘리자베스라는 주체의 불안을 암시한다.

엘리자베스가 보여 주는 이런 미세한 틈새는 그녀가 성취하는 성공과 행복에 현실성을 부여한다. "과거를 생각할 때는 즐거웠던 것만 기억한다."(282쪽)라는 엘리자베스의 원칙에 따르면 위컴과 잠시나마 연루되었던 불쾌한 과거의 기억 때문에 스스로를 괴롭힐 일은 없겠지만, 그렇더라도 위컴과 리디아 부부의 뒤를 봐주며 때때로 괴로워할 가능성은 다분하다. 늘 그래 왔듯이, 베넷 부부의 어른스럽지 못한 처신에 실망하고 속을 끓일 일도 끊이지 않을 것이다.

엘리자베스는 개인의 행복, 자아의 독립성, 자기 결정권 등을 체현하는 새로운 여성 주체로서 더 민주적이고 관대한 공동체의 중심으로 발전할 펨벌리의 안주인이 되지만, 그녀의 성취와 행복은 이음새의 흔적 없이 매끈하게 완결되지 않는다. 펨벌리는 정말이지 리디아와 베넷 부부에 의해 조금은 "오염"될 수 있고, 그래서 엘리자베스는 울고 싶지만 결국 깔깔거리며 웃어야 할지도 모른다. 엘리자베스의 개인성, 독립성, 단독성은 고정된 정체성이 아니라 매 순간 자기 성찰을 통해 몸으로 구현되는 불완전한 잠재성과 같다.

이는 이 소설이 결국 사람들의 변화와 진화에 관한 이야기라는 사실과 잘 맞아떨어진다. 모든 인물들은 단 한 번이 아닌, 적어도 두 번 이상 기회를 누린다. 다아시는 물론 빙리, 그리고 심지어는 콜린스와 위컴까지도 여러 번 청혼을 한다. 놓쳐 버린, 또는 실수로 망쳐 버린 한 번의 기회는 나중에 다시 찾아오고, 만회와 향상과 구원의 가능성은 언제나 열려 있다. 냉소적이기 이를 데 없던 베넷 씨도 게으른 자신을 반성할 때가 있고, 다아시의 어린 여동생 조지아나도 위컴과의 어리석은 과거를 반성하며 다음 기회를 기다리고 있고, 결혼을 반대했던 캐서린 드 버그 여사도 결국 펨벌리를 방문한다. 소설을 감싸는 이러한 관용과 포용, 공존과 화해의 전망은 엘리자베스의 여성 주체에 복합적이고 총체적인 맥락을 부여한다.

울프의 여성 문학론으로 돌아가면, 오스틴은 열악한 환경을 탓하지 않고 분노와 고통 없이 글을 썼고 여기에 위대한 문학의 비밀, 즉 "진정성"이 있다. 이는 분노하지 말고 저항하지 말라는 것이 아니라 분노하고 저항하는 데서 멈추지 말고 그것을 밀고 나가서 진실을 꿰뚫어 보고 "실재"에 가 닿으라는 말이다. 그리고 이런 상태에 도달하기 위해서 현대의 여성 작가에게 "무슨 수를 써서라도 여행을 하고 빈둥거리고 세계의 미래와 과거를 사색하고 책을 보고 몽상에 잠기며 길모퉁이를 어슬렁거리고 상념의 낚싯줄을 강물에 깊이 드리울 수 있기에 충분한 돈을 스스로 소유"하도록 애쓰라고 주문한 것이다.

오스틴은 이런 호사를 누릴 수 없는 시대를 살았고 그 시대적 한계 안에서 오직 자신의 "진정성"으로 여성적 삶의 "실재"를 생생하게 그려 냈다. 오스틴은 분노와 저항에 매몰되지 않고 "실재"를 향해 걸어갔던, "갖지 않은 것은 원하지 않던", 그저 자신이고자 했던 소설가다.

울프의 화자 메리는 서가에서 여성 소설가의 책을 일별하다가 샬럿 브론테(1816~1855)의 고전『제인 에어』(1847)에서 가장 유명한 구절을 인용한 다음, 브론테가 타고난 천재성에도 불구하고 자신의 리듬을 잃고 휘청거리는 예라고 지적한다. 이 구절이 유명한 것은 당대 여성이 처한 환경을 신랄하게 비판하는 화자의 목소리가 두드러지기 때문이다. 메리가 보기에 브론테는 "차분하게 써야 할 곳에서 분노에 차서 쓴다. 현명하게 써야 할 곳에서 어리석게 쓴다. 인물에 대해 써야 할 곳에서 자기에 대해 쓴다."(69~70쪽)

그렇게 작가의 감정을 표출하는 문장이 가진 선명함은 작가 자신의 것이 아니라 이미 관습적으로 유통되는 것이기 쉽고, 그런 점에서 이미 확립된 남성 작가의 전통을 모방한 것에 가깝다.『제인 에어』는 여성 작가가 자기 것이 아닌 남성적 목소리에 영향을 받아서 중심이 크게 흔들린 작품이다.

브론테는 오스틴이 열어 놓은 여성 문학의 공간을 물려받은 후배 여성 소설가다. 브론테는 개인적으로 오스틴을 크게 존경하지 않았고 자신의 소설 세계를 오스틴의 그것과 차별화하고자 했다. 그녀가 남긴 『오만과 편견』에 대한 신랄한 논평은 이를 잘 보여 준다.

내가 발견한 건 사진을 찍은 듯 정확한 초상화였어요. 평범한 얼굴, 꼼꼼하게 둘러쳐지고 잘 가꾸어진 정원의 깔끔한 경계석과 여린 꽃을 그린. 눈부시게 생생한 얼굴이 없고, 탁 트인 시골도 신선한 공기도 푸른 언덕도 아름다운 시냇물도 없는. 오스틴의 신사 숙녀 들과 그들의 우아하고 답답한 집에서 함께 살 수는 없을 것 같아요.[14]

브론테에게 오스틴이 그린 젠트리의 일상은 지나치게 점잖은 풍경으로 보였다. 그들의 매너는 인공적이고 인격은 가식적이며 세계관은 속물적이기까지 하다. 한마디로 오스틴은 "열정이 무엇인지 몰랐다."라는 것이다.

고아 소녀의 위험천만하고도 파란만장한 성장 이야기인 『제인 에어』는 폭력과 사기 결혼과 빈곤과 죽음으로 얼룩진 드라마가 일으키는 격렬한 감정으로 넘실거린다. 그런 소설을 썼던 브론테에게, 다아시의 편지를 읽는 엘리자베스의 벼락같은 깨달음이나 진흙 범벅이 된 엘리자베스의 드레스 밑단 정도는 별 감흥을 불러일으키지 못하는, 부르주아 특유의 과장된 호들갑으로밖에 보이지 않았던 것일까.

　　브론테의 오스틴 읽기는 오스틴 수용사의 한 흐름을 대변하면서, 주로 오스틴의 작품 세계가 협소하다든가 비정치적이라든가 다루는 소재가 제한적이라든가 노동하지 않는 유한계급만 등장한다는 식의 비판적 해석과 결부되곤 했다. 이러한 비판으로부터 오스틴 소설이 완전히 자유로울 수는 없겠지만, 오스틴이 열정을 모르는 소설가였다거나 "꼼꼼하게 둘러쳐지고 잘 가꾸어진 정원의 깔끔한 경계석과 여린 꽃"에만 관심을 가진 소설가였다는 판단은 여러모로 성급해 보인다. 『오만과 편견』은 오스틴 스스로 "너무 경쾌하고 화사하고 반짝거려서 그늘이 필요할 정도"[15]라고 고백할 정도여서 브론테의 비판에 취약할 수도 있는데, 이렇게 반짝이는 소설에서도 오스틴의 현실 인식은 엄중하다.

　　오스틴이 파악한 여성적 삶의 "실재"는 엘리자베스가 나날이 대면하고 협상해야 하는 현실로 재현된다. 시집보내려는 부모의 닦달을 견디고, 무도회에서 처음 만난 부유한 신사의 무례를 참아 내고, 부실한 부모와 모자란 동생들이 벌이는 사회적 추태를 최대한 막아 내고, 권위와 복종을 강요하는 상류층 인사들의 권력 행사에 주눅 들지 않도록 자신을 추스르고, 볼품없는 집안 출신이라는 꼬리표에 쏟아지는 부당한 의혹에 맞서 싸우는 등 고통스러운 현실뿐 아니라, 그런 현실에 반응하는 엘리자베스의 몸의 여러 감각 작용과 움직임이 모두 "실재"를 구성한다. 견디고 참아 내고 막아 내고 추스르고 맞서 싸우는 살아 있는 엘리자베스의 몸을 오스틴은 자신의 분노나 기대를 개입시키지 않고 담담하게 재현함으로써 여성의 삶의 "실재"에 도달한다.

엘리자베스의 몸은 품행서가 가르치는 여성의 조신한 몸을 비웃는 살아 있는 몸, 피가 돌고 살과 근육이 붙은 움직이는 몸이다. 이렇게 엘리자베스에게 몸을 입히는 일은 오스틴에게 과감한 기획이었을 것이다. 앞서 지적했듯이, 근대 역사에서 여성은 억압되고 지워진 것이 아니라 특정한 방식으로 여성화되었다. 여성에 관한 무수한 이야기 속에서 실제 여성보다 담론 안에 갇힌 이념적 여성이 대량으로 생산되었고 이렇게 생산된 여성의 이미지가 여성 주체를 문화적으로 (재)구성하면서 여성에 관한 담론을 다시 강화하는 순환작용이 일어난다.

여성화의 문화에서 여성은 몸, 즉 정신의 반대 항으로서의 몸과 연결된다. 몸과 정신의 이분법뿐 아니라 몸을 여성에게, 정신을 남성에게 연결하는 성별 위계 구조, 더 나아가 출산하는 여성의 몸을 신성한 생명의 뿌리인 동시에 오염과 타락의 씨앗으로 보는 이중적인 여성관, 이 모든 관습 체계는 오랫동안 서구의 의식 세계를 지배해 왔다. 근대 페미니즘의 효시를 알린 메리 울스턴크래프트의 『여성 권리 선언』(1792)의 요체는 여성이 이성을 가진 존재라는 것인데, 이것은 '여성=몸'이라는 공식에 대한 저항이다. 엘리자베스는 여러모로 울스턴크래프트의 페미니즘을 떠올리게 할 정도로 이성을 신봉하는 인물이지만, 오스틴은 이성을 몸에서 분리될 수 없는 것으로 그린다.

오스틴은 울스턴크래프트와 마찬가지로 품행서가 가르치는 여성의 미덕을 비판하고 품행서가 이상화하는 여성의 몸의 창백함과 나약함을 거부하지만, 여성 주체가 몸을 입을 수밖에 없다는 것을 이해하고 '여성=몸'의 공식을 가볍게 폐기해 버리지 않는다. 여성의 몸에 결부된 부정적 이미지를 한꺼번에 거부하지 않으면서, 몸을 여성 주체의 중요한 기반으로 부활시킨다. 이런 방식으로 오스틴은 여성 문학의 전통을 창조적으로 극복한다.

　　예컨대 여성의 감정은 항상 여성성의 상징으로 여겨졌는데, 오스틴은 감정을 버리지 않으면서 그것을 새롭게 재현하는 소설 언어를 모색한다. 여주인공을 단순히 감정이 풍부한 인물이라기보다 감정을 철저하게 생각하는 인물로 그림으로써 감정과 이성의 이분법 자체를 다시 보게 만든다. 여성의 몸에 부착된 부정적인 편견을 회피하지 않고 오히려 여성을 몸의 주인이자 주체로 만들어 권력을 부여하는 방식으로 몸에 대한 인식을 변화시킨다.

　　이렇듯 오스틴은 여성에게 붙어 온 부정적 편견을 떼어 내려고 조바심 내지 않았고 그런 시도가 종종 극단적이고 비현실적인 여성상을 만들어 내는 것을 경계했다. 여성을 상투적으로 그리는 데 반대했지만 그렇다고 여성을 여성이 아닌 다른 존재로 그리지도 않는다. 여성에게 붙어 온 편견을 공공의 적처럼 다루거나 하나의 관념으로 일반화하지 않고, 여성 인물들에 따라 편견이 작동하는 방식이 다르고, 따라서 편견에 대해서 얼마든지 개별적이고 창조적인 대응이 가능하다는 점을 보여 준다.

제인 오스틴의 탁자와 의자

제인 오스틴 박물관에서 방문객들의 발길이 이 탁자와 의자 앞에 가장 오래 머무는 이유는 여기서 오스틴이 소설을 쓰는 모습뿐 아니라 오스틴이 창조한 여주인공들, 그들이 책을 읽고 편지를 쓰던 모습을 겹쳐서 상상하기 때문일 것이다.

품행서가 가르치는 조신한 몸을 비웃고 여성이 자기 몸의 주체가 되는 법을 새롭게 가르치지만, 리디아의 방종과 일탈이 보여 주듯이 품행서를 비웃는 것이 능사가 아니며 제대로 몸의 주체가 되기는 굉장히 어렵다는 사실도 잊지 않는 오스틴의 신중한 행보, 그 통찰과 균형 감각으로 이루어진 '여성적 글쓰기'는 울프가 말한 예술 창조의 "진정성"의 훌륭한 사례이다.

울프가 여성 작가에게 요구한 성실성, 자기 성찰, 비타협적인 결기, 관용과 아량, 담대하고 도전적인 정신, 열린 상상력 등은 작가 수업의 수련 과정에서 조금만 노력하면 이룰 수 있는 것이 아니다. 세월이 흘러 주디스 셰익스피어가 보여 준 원한과 광기로 얼룩진 비극의 시대는 저물었고, 메리 카마이클 같은 소설가가 배출될 정도로 여성의 삶을 분방하게 쓰는 일이 가능해진 시대이지만, 오랜 세월 소외되어 온 역사적 기억이 남긴 내상은 쉽게 사라지지 않고 여성의 자의식에 자기 분열과 자기모순의 흔적을 깊이 새겼다.

울프 자신이 성공한 소설가이기 전에 어린 시절 상처를 품고 평생 만성 우울과 불면에 시달린 아픈 여성이었고, 어떻게 보면 초인적인 의지로 자신의 상처를 치유하기 위해 쓰고 또 썼던 작가였다. 울프가 말하는 "진정성"에는 처음부터 자기만족적인 허영 같은 건 발붙일 틈이 없다. "양성성" 또한 여성과 남성의 화해와 공존이라는 듣기 좋은 자유주의적 이상을 말하는 게 아니다. 양성적인 글쓰기는 성의 역사, 그 과거와 현재와 미래에 대한 치열한 성찰 없이는 이루어질 수 없다. 아주 드물게 성취할 수밖에 없는 일이지만, 그

가능성만큼은 모든 글쓰기의 열망 속에 잠재되어 있고 또 언제나 열려 있다.

"진정성"과 "양성성"을 핵심으로 한 울프의 여성 문학론은 20세기 후반에 다양한 이론적 스펙트럼의 세례를 받으며 진화했다. 특히 여성적 글쓰기는 프랑스의 페미니스트 철학자들을 중심으로 여성 문학을 기존의 남성 중심적인 문학과 차별화하려는 시도를 일컫는 비평 용어로 정착했다. 이들의 문제의식은 남근 중심적이고 이성 중심적이며 자기 동일성을 신봉하는 기존의 가치 체계가 여성 문학 특유의 분열적인 성격을 억압한다는 것이었다. 오랜 논쟁을 거치면서 이들이 말하는 여성적 글쓰기가 생물학적 본질주의와 결정론의 자장을 벗어나지 못하는 측면이 있다는 점이 지적되었다.

그럼에도 이 논의를 통해 글쓰기가 몸으로 하는 노동이라는 사실, 그리고 몸 자체가 문화적인 구성물임에도 불구하고 구성의 논리로 환원될 수 없는 복잡한 차이를 가진 물질적 공간이라는 사실이 환기됨으로써 글쓰기의 본질을 다시 생각할 수 있는 길이 열렸다. 여성적 글쓰기가 몰고 온 논란은 '과연 여성은 (남성과) 다르게 쓰는가?' 혹은 '여성 문학은 남성 문학과 경쟁하는가?'라는 이분법적 질문과 대답으로 끝나는 게 아니라 '여성은 왜 쓰는가?', '여성은 무엇을 쓰는가?', '여성은 어떻게 쓰는가?' 등 여성의 글쓰기를 총체적으로 조망하고 평가할 수 있는 생산적인 틀로 수렴되어야 한다.

울프는 여성이 글을 쓸 때 성을 의식해서는 안 된다고 말하는 한편, "지금까지 누구도 가 본 적 없는 광활한 방에 횃불을 환하게 밝히는" 글쓰기를 통해 "여성들만 있는 방의 천장에 비친 나방의 그림자처럼 희미하게 보이는 그것들"에 대해 쓰라고 말한다. 이는 여성과 남성의 이분법에 내포된 경쟁과 대립과 우열 구조를 지나치게 의식하는 태도, 그 단순한 분리의 논리로 환원되는 의식 구조를 경계한 것이지, 여성이라는 몸의 조건을 무화해야 한다는 주문이 아니다. 여성들이 머물렀던 방에 "희미하게" 남은 흔적을 복원하는 글쓰기는 포기할 수 없는 여성 문학의 사명이다. 여성 문학을, 동어 반복적으로, '여성에 의한, 여성을 위한, 여성의' 텍스트로 정의한다고 해서 여성 문학이 문학의 하위 범주에 종속되거나 고립된 분야로 소수화되는 것은 아니다. 오히려 여성 문학을 통해 문학의 성격과 본질은 새롭게 확장되고 깊어진다.

오스틴 소설의 주제는 단연 여성이지만 그것은 그저 여성이 남성과 다르다는 식으로 전개되지 않는다. 오스틴 소설에서 중요한 것은 남성과 여성 사이에 존재하는 '다름(difference)'이 아니라 누구에게나 있는 '차이(alterity)'이다. 여성은 남성과 대립하는 존재인 동시에 자기 자신과 대립하는 존재이기도 하며, 자기 안의 여성과 자기 안의 남성과 투쟁하는 존재이기도 하다. 그러므로 만약 한 여성이 남성에 대한 분노로만 글을 쓴다면 그것은 단순한 감정 표현에 머물고 말 것이고 거기에서 창조적인 예술이 나올 수 없다. 결국 누구든 진실을 담고자 한다면 자기 자신에게 충실한 글을 쓸 수밖에 없고, 그러한 진정성에 의해 존재의 차이가 드러난다.

여성적 글쓰기는 한갓 글쓴이의 성별을 나누는 환원론적인 분류에 붙인 호사스러운 관념이 아니라 차이의 미학을 생산하는 잠재력을 가진 여성 문학의 핵심 원리이다. "작가가 자기의 성을 생각한다는 것은 치명적이다."라는 울프의 명제는 여성에 의한, 여성을 위한, 여성의 글쓰기를 포기하고 객관과 중립이라는 신기루를 추구하라는 말이 아니다. 배타적인 이분법 구도에 사로잡혀 그 틀에서만 자신을 보지 말고 자신을 있는 그대로 보면서 "다른 무엇이 되기보다 자기 자신이 되는 것"을 가장 중요하게 생각하라는 것이다.

이때 자기 자신은 여전히 여성이다. 남성의 반대로서의 여성이 아니고 보편적 인간으로서의 여성도 아니며 고정된 본질이나 특정한 정체성으로 환원되는 존재도 아닌, "어머니를 통하여 거슬러" 올라가고 "천장에 비친 나방의 그림자처럼 희미하게 보이는 그것들"을 포착하되 자신의 성에 집착하지 않는 글쓰기를 통해 여성적 세계의 "실재"에 도달하는 여성 작가, '여류' 작가도 아니고 그냥 '작가'도 아닌 '여성 작가'의 초상을 우리는 오스틴에게서 만났다. 여성 작가가 자신에게 집중하고 자신을 있는 그대로 볼 때 (협소한 자기 세계에 갇히는 것이 아니라) 가장 많이, 가장 넓게, 그리고 가장 정확하게 볼 수 있다는 진실, "2인치밖에 안 되는 작은 상아 조각" 위에 새겨진 오스틴의 여성적 글쓰기를 빛나게 하는 것은 이것이다.

『오만과 편견』을 읽는 궁극적인 재미와 보람은 여주인공의 매력으로만 귀착되지 않는다. 오스틴의 여성적 글쓰기가 뿜어내는 입체적이고 다성적이고 교향악적인 울림에 이 소설의 가치가 있고, 이 울림이야말로 여주인공을 매력적으로 만드는 동력이다. 결국 『오만과 편견』 읽기의 종착점은 하나의 인물이나 결론이 아니라 서사적 울림을 향한다. 이 울림에는 여성적 세계의 "실재"와 여성적 글쓰기의 성취가 담겨 있다. 어쩌면 이 울림에 귀 기울임으로써 '여성은 남성과 동등하다'와 '여성은 남성과 다르다'는 평등과 차이의 두 축을 중심으로 진화해 온 페미니즘의 역사를 돌아보고 여기에 내포된 한계와 어려움을 돌파할 실마리를 얻을 수 있을지도 모른다. 이런 점에서 『오만과 편견』은 위대한 문학 작품이 그러하듯이 아직 완결되지 않은 텍스트이자 그 어떤 문학 작품보다도 풍성한 내세의 삶을 사는 살아 있는 고전이다.

주석

1   15실링은 세 권으로 나누어 출판한 소설 세트의 가격이다. 여기에 제본비가 추가되는 경우가 보통이어서 소설 구입비는 1파운드가 넘었다.

2   18세기 여성 소설의 생산과 유통에 대해서는 실증적인 연구가 많이 나왔다. 이를테면 순회도서관의 운용 실태를 조사하여 어떤 계층의 여성이 어떤 종류의 책을 빌렸고 또 샀는지를 분석하는 것이다. 이런 연구 결과에 따르면, 여성이 소설을 많이 읽었다는 명제는 부분적으로 얼마든지 반박될 수 있다. 여성들이 다양한 종류의 읽을거리를 소화했음에도 유독 소설을 집중적으로 읽는 것처럼 재현하는 담론 자체가 문제라는 지적도 있다. 영문학 연구에서 18세기와 19세기에 걸친 여성 작가, 여성 독자, 여성 문학의 문제는 그만큼 단순한 공식으로 요약하기 힘들다. 다만 이 책에서는 인쇄 문화의 팽창이 불러온 문해력 향상이 여성과 책의 관계를 극적으로 변화시켰다는 점, 그리고 그 과정에서 여성 문학이라 부름 직한 일정한 문화 현상이 전례 없이 두드러졌으리라는 점을 전제로 논의를 전개하고자 한다.

3   '여성화'는 문학 비평가 앤 더글러스가 1977년 저서에서 미국 문화의 감상주의를 설명하면서 이론화한 후 문학 비평과 사회학에서 차용되어 다양하게 발전해 왔다. 이 책에서는 18세기와 19세기 영국 가정 소설의 여주인공을 근대적 주체의 원형으로 파악한 낸시 암스트롱을 따라서, 여성화를 여성이 여성으로 표시되고 호출되고 구성되는 문화적인 과정을 의미하는 것으로 쓴다. 이러한 논의의 배경에는 프랑스 철학자 미셸 푸코가 『성의 역사』를 비롯한 일련의 저작에서 밝힌 '규율'과 '통치'의 개념이 깔려 있다.

4   뉴넘과 거턴은 수십 개의 독립된 대학으로 이루어진 케임브리지 최초의 여자 대학으로 각각 1871년과 1869년에 설립되었다. 옥스퍼드에 여자 대학이 생긴 것은 1893년이고, 기존의 대학이 여학생을 받기 시작하고 정식으로 학위를 주기 시작한 것은 수십 년이 더 지난 다음이다.

5   이 책의 영어 제목은 *A Room of One's Own*이다. 이 책에서 나온 모든 인용문은 필자가 한국어로 번역한 다음 괄호 안에 쪽수를 밝힌다.

6   화자가 물려받은 유산 '500파운드'는 울프가 자유로운 정신으로 글을 쓰기 위해 필요한 생활비에 해당하는 금액이다. 1996년에 나온 허마이어니 리가 쓴 전기에 따르면 울프가 살았던 시대의 500파운드는 1990년대 중산층 연봉 정도 되는 2만 5000파운드로 환산된다고 한다. 소설가로서 울

프는 한 해에 500파운드를 훌쩍 뛰어넘는 수입을 올렸고 경제적인 어려움을 겪지 않았으나, 다양한 계층의 여성의 경제적 현실에 집요한 관심을 가지고 있었으며 여성의 직업이 가져다주는 경제적이고 정신적인 해방감에 대해 자주 언급했다. 십 년 후에 쓴 책 「3기니」에서 울프는 여성의 경제력에 관한 지표 몇 가지를 내놓으면서 임금 불평등을 지적한 바도 있다. 예컨대 결혼하기 전의 소녀들이 받는 용돈이 일 년에 50파운드라든가, 꽤 전문적인 식견을 갖춘 직업 여성도 250파운드를 벌기가 힘들다든가, 공무원은 1000파운드, 판사는 5000파운드, 수석 사제는 3000파운드인데 여자 집사는 150파운드를 번다는 등의 진술이 그렇다.

7 「오만과 편견」의 인용문은 원서 *Pride and Prejudice*에서 나왔다. 모든 인용문은 필자가 한국어로 번역한 다음 괄호 안에 쪽수를 밝힌다.

8 "2인치밖에 안 되는 작은 상아 조각"이라는 표현은 오스틴이 1816년 12월에 (세상을 떠나기 전 자신의 마지막 생일이 된 날에, 나중에 제임스 에드워드 오스틴리라는 필명으로 「제인 오스틴 회고록」을 발표한) 큰오빠의 아들 제임스 에드워드에게 보낸 편지에 나온다. 어린 조카의 글쓰기를 격려하기 위해 자신의 글쓰기를 겸손하게 낮추어 말하는 맥락에서 나온 표현이지만 결코 자신의 미세한 글쓰기 스타일을 비하하는 뜻이 없고 오히려 당대 역사소설과 자신의 가정 소설을 당당하게 차별화하는 뉘앙스를 품고 있다.

9 월터 스콧은 오스틴이 활동하던 1810년대 영국 문단에서 가장 존경받던 스코틀랜드 출신 소설가였다. 그는 잉글랜드와 사뭇 다른 스코틀랜드의 풍광과 전설과 역사를 소설의 소재로 활용하여 많은 작품을 썼다. 스콧이 문체와 주제 등 여러모로 오스틴과 다른 작품을 남겼음에도 불구하고 오스틴 소설의 미덕을 정확하게 알아본 것은 그가 당대 소설의 발전 방향을 꿰뚫어 보고 있었음을 시사한다.

10 근대 유럽 국민 문학의 대표적인 형식으로 '성장 소설/교양 소설'을 꼽은 비평가 프랑코 모레티는 괴테의 「빌헬름 마이스터의 수업 시대」(1795)와 함께 「오만과 편견」을 유럽 성장 소설의 완성을 보여 주는 고전으로 평가한 바 있다.

11 최근 영국 케임브리지 대학교 출판부에서 야심 차게 내놓은 제인 오스틴 전집에서 「오만과 편견」의 편집자는 "분별력 있고"의 원문인 "sensibly"를 "열정적으로"라는 의미로 봐야 문맥에 맞다고 설명한다. 그렇다면 이 대목은 아이러니 없이 다아시의 감정을 강조하게 된다. 이 해석도 가능

하다고 생각하지만, 여기서는 원문의 "violently"와 "sensibly"가 충돌하는 맥락에 집중하여 해석하고자 한다.

12 2006년에 나온 조 라이트 감독의 영화 「오만과 편견」은 다아시와 엘리자베스가 베넷 씨로부터 결혼 허락을 받는 장면으로 끝난다. 이 장면에 앞서 다아시와 엘리자베스의 포옹이 나오긴 했지만, 영화의 마지막 장면이 팬들의 '낭만적인' 기대에 못 미친다고 판단한 제작진은 별도의 장면을 덧붙여 오리지널 판과 구별되는 '미국 판'으로 개봉했다. 덧붙인 내용은 다아시와 엘리자베스의 키스 장면 등 스킨십을 담고 있다.

13 앞서 근대가 책의 시대라고 지적했는데, 책과 책 읽기의 위험에 대한 생각 역시 근대의 산물이다. 책 읽기가 건강한 지적 활동으로 환영받지 못하고 위험한 행위로 의심받는 상황은 오스틴의 여러 소설에 다양한 장면들로 재현된다. 이에 대한 구체적인 논의를 담은 필자의 논문으로는 「책 읽는 여성을 위한 변명: 『샌디튼』에 나타난 독서, 몸, 소비」(《근대영미소설연구 17호》(2010), 105~128쪽)를 참조할 수 있다.

14 이는 샬럿 브론테가 1848년 1월 12일 문학 비평가 조지 헨리 루이스에게 보낸 편지의 일부 구절이다. 오스틴은 브론테가 작품 활동을 했던 1840년대와 1850년대에도 꾸준히 읽히면서 특정한 이미지를 획득하고 있었는데, 그것은 '점잖은' 사람들의 '점잖은' 이야기라는 통념에 조응하는 것이었다.

15 오스틴 서한집에는 작품에 대한 논평이나 계획을 밝힌 구절들이 가끔 나온다. 「오만과 편견」이 너무 밝아서 "그늘"이 필요하다는 이 논평은 1813년 2월에 언니 커샌드라에게 보낸 편지에서 나온다. 「오만과 편견」의 성공에 고무된 나머지 마치 '더 잘 쓸 수 있었는데'라고 장난스럽게 말하는 것이어서 오스틴이 진심으로 "그늘"이 필요하다고 생각했는지는 의심스럽다. 다만 오스틴 스스로 이 소설의 군더더기 없는 깔끔함과 화사함을 인지하고 있었던 것은 분명해 보인다.

참고 문헌

Anderson, Benedict. *Imagined Communities: Reflections on the Origin and Spread of Nationalism*. London: Verso, 1983.

Armstrong, Nancy. *Desire and Domestic Fiction: A Political History of the Novel*. Oxford: Oxford University Press, 1987.

Austen, Jane. *Pride and Prejudice*. Ed. James Kinsley. Oxford: Oxford University Press, 2004.

_____. *Pride and Prejudice*. Ed. Pat Rogers. Cambridge: Cambridge University Press, 2006.

_____. *Jane Austen's Letters*. Ed. Deirdre LeFaye. Oxford: Oxford University Press, 1995.

Austen-Leigh, James Edward. *A Memoir of Jane Austen and Other Family Recollections*. Ed. Kathryn Sutherland. Oxford: Oxford University Press, 2002.

Copeland, Edward and Juliet McMaster, eds. *The Cambridge Companion to Jane Austen*. Cambridge: Cambridge University Press, 1997.

Davidoff, Leonore and Catherine Hall, eds. *Family Fortunes: Men and Women of the English Middle Class 1780-1850*. Chicago: University of Chicago Press, 1987.

Davis, Lennard. *Factual Fictions: The Origin of the English Novel*. Philadelphia: University of Pennsylvania Press, 1997.

Fielding, Helen. *Bridget Jones's Diary*. New York: Penguin, 1996.

Fergus, Jan. *Jane Austen: A Literary Life*. Basingstoke: Macmillan, 1991.

Fordyce, James. *Sermons to Young Women*. 1766. London: Gale ECCO, 2010.

Fowler, Karen Joy. *The Jane Austen Book Club*. New York: Plume, 2005.

Habermas, Jürgen. *The Structural Transformation of the Public Sphere: An Inquiry into a Category of Bourgeois Society*. Trans. Thomas Burger. Cambridge, Massachusetts: The MIT Press, 1991.

Galperin, William. *The Historical Austen*. Philadelphia: University of Pennsylvania Press, 2003.

Gilbert, Pamela. "'In the Body of the Text': Metaphors of Reading and the Body." *Disease, Desire and the Body in Victorian Women's Popular*

Novels. Cambridge: Cambridge UP, 1997. 15-57.

Gilbert, Sandra Susan Gubar. *The Madwoman in the Attic: The Woman Writer and the Nineteenth-Century Literary Imagination.* New Haven: Yale University Press, 1979.

Harding, D. W. *Regulated Hatred and Other Essay on Jane Austen.* Ed. Monica Lawlor. London: Athlone, 1998.

Jenkyns, Richard. *A Fine Brush on Ivory: An Appreciation of Jane Austen.* Oxford: Oxford UP, 2004.

Johnson, Claudia. "The Divine Miss Austen: Jane Austen, Janeites, and the Discipline of the Novel Studies." *Janeites: Austen's Disciples and Devotees*. Ed. Deidre Lynch. Princeton: Princeton University Press, 2000. 25-44.

Jones, Vivien, ed. *Women and Literature in Britain 1700-1800*. Cambridge: Cambridge University Press, 2000.

Hunter, Paul John. *Before Novels: The Cultural Context of the 18th-Century English Fiction*. New York: Norton, 1990.

Kaplan, Deborah. *Jane Austen Among Women*. Baltimore: Johns Hopkins University Press, 1992.

Kelly, Gary. *English Fiction of the Romantic Period 1789-1830*. London: Longman, 1989.

Kipling, Rudyard. "Janeites." *Debits and Credits*. London: Macmillan, 1926. 143-76.

Knox-Shaw, Peter. *Jane Austen and the Enlightenment*. Cambridge: Cambridge University Press, 2004.

Lee, Hermione, *Virginia Woolf*. New York: Vintage, 1997.

McKeon, Michael. *The Origin of the English Novels 1600-1740*. Baltimore: Johns Hopkins University Press, 1987.

McRobbie, Angela. *Feminism and Youth Culture: From Jackie to Just Seventeen*. Boston: Unwin Hyman, 1991.

Moretti. Franco. *The Way of the World: The Bildungsroman in European culture*. London: Verso, 1987.

Negra, Diane. *What a Girl Wants?: Fantasizing the Reclamation of Self in*

Postfeminism. New York: Routledge, 2009.

Page, Norman. *The Language of Jane Austen*. London: Everyman, 1972.

Radway, Janice. *Reading the Romance: Women, Patriarchy, and Popular Literature*. Chapel Hill: University of North Carolina Press, 1991.

Raven, James. *The Business of Books: Booksellers and the English Book Trade, 1450-1850*. New Haven: Yale University Press, 2007.

Regis, Pamela. *A Natural History of the Romance Novel*. Philadelphia: U of Pennsylvania P, 2003.

Richetti, John, ed. *The Columbia History of the British Novel*. New York: Columbia University Press, 1994.

Rousseau, Jean-Jacques. *Émile*. Trans. Barbara Foxley. London: Everyman, 1993.

Scott. Walter. "An Unsigned Review of Emma." *Jane Austen: The Critical Heritage*. Ed. B. C. Southam. London: Routledge, 1968. 58-69.

Shattock, Joanne, ed. *Women and Literature in Britain 1800-1900*. Cambridge: Cambridge University Press, 2001.

Showalter, Elaine. *A Literature of Their Own: British Women Novelists from Brontë to Lessing*. Princeton: Princeton University Press, 1977.

Siskin, Clifford. *The Work of Writing: Literature and Social Change in Britain 1700-1830*. Baltimore: Johns Hopkins University Press, 1998.

Spence, Jon. *Becoming Jane Austen*. New York: Continuum, 2007.

Spencer, Jane. *The Rise of the Woman Novelist: From Aphra Behn to Jane Austen*. New York: Blackwell, 1986.

Staves, Susan. *A Literary History of Women's Writing in Britain, 1660-1789*. Cambridge: Cambridge University Press, 2006.

Sutherland, Kathryn. *Jane Austen's Textual Lives: From Aeschylus to Bollywood*. Oxford: Oxford University Press, 2007.

Todd, Janet. *The Sign of Angellica: Women, Writing and Fiction, 1660-1800*. New York: Columbia University Press, 1989.

―――. *Jane Austen in Context*. Cambridge: Cambridge University Press, 2005.

Tomalin, Claire. *Jane Austen: A Life*. London: Viking, 1997.

Troost, Linda and Greenfield Sayre, eds. *Jane Austen in Hollywood*. Lexington: University of Kentucky Press, 1998.

Van Sant. Ann Jessie. *Eighteenth-Century Sensibility and the Novel: The Senses in Social Context.* Cambridge: Cambridge University Press, 1993.

Watt, Ian. *The Rise of the Novel: Studies in Defoe, Richardson and Fielding.* Berkeley: University of California Press, 1957.

Wiltshire, John. *Recreating Jane Austen.* Cambridge: Cambridge University Press, 2001.

Wise, T. J. and J. A. Symington, eds. *The Brontës: Their Friendships, Lives, and Correspondence.* 4 vols. Oxford: Shakespeare Head Press, 1931-38.

Whitworth, Michael. *Virginia Woolf.* Oxford: Oxford University Press, 2009.

Wollstonecraft, Mary. *A Vindication of the Rights of Woman.* 1792. Ed. Barbara Taylor. London: Everyman's Library, 1992.

Woolf, Virginia. *A Room of One's Own.* 1928. New York: Harcourt Brace Jovanovich, 1953.

———. *Three Guineas.* 1938. New York: Harcourt Brace Jovanovich, 1966.

———. *The Common Reader*. 1925. Ed. Andrew McNeillie. New York: Harvest, 1984.

더 읽을거리

1 제인 오스틴의 소설

오스틴의 원서는 아주 많은 판본이 나와 있다. 최근 케임브리지 대학교 출판부에서 펴낸 오스틴 전집이 정본으로 통하긴 하지만, 옥스퍼드 대학교 출판부나 펭귄 출판사에서 보급용으로 나온 판본도 정확한 각주를 제공한다.

Emma

『오만과 편견』과 함께 가장 유쾌하고 화사한 소설이다. 악한이 등장하지 않고 파국을 피한다는 점에서도 그렇다. 에마 우드하우스는 오스틴 여주인공 가운데 가장 아름답고 건강하고 영리하고 운도 좋다. 화자의 능숙하고 섬세한 서술 기법 덕분에 오스틴 작품 가운데 기술적으로 가장 완벽하다는 찬사를 받아 왔다.

Mansfield Park

가난한 여주인공이 맨스필드 파크라는 이모네 저택에 입양되어 사촌 오빠를 사랑하게 되고 위기에 빠진 가문의 중심으로 우뚝 서서 안주인으로 성장하는 이야기이다. 병약하고 내성적인 패니 프라이스는 오스틴의 작품 가운데 가장 덜 사랑받아 온 여주인공이다. 최근에 작품과 여주인공 모두 집중적인 조명을 받으면서 재해석의 발판을 마련했다.

Northanger Abbey

사교계에 입문하고 노생거 수도원이라는 부유한 저택에 초대받아

간 캐서린 몰런드의 모험을 중심으로 전개된다. 발표는 늦었지만 오스틴의 첫 장편 소설로 보아도 무방하다. 작가의 출사표처럼 읽히는 대목이 많은 한편 서사적 기교가 덜 세련된 대목도 많다.

Persuasion
오스틴의 마지막 소설이고 가장 짧다. 파혼한 첫사랑을 잊지 못하고 늙어 가는 스물일곱 살 여주인공이 첫사랑과 다시 사랑에 빠지는 판타지 같은 소설이다. 앤 엘리엇은 오스틴의 여주인공 가운데 감정적으로 가장 원숙하고 섬세하다.

Pride and Prejudice
'pride'는 현대적 의미의 자존심이라는 뜻과 함께 18세기 도덕철학적 의미에서 인간의 악덕 중 하나인 오만함을 의미한다. '오만'과 '편견'은 당대에 흔히 논의되던 개념인데, 오스틴은 낡은 개념을 가져와 새로운 숨결을 불어넣는다.

Sense and Sensibility
오스틴의 데뷔작으로, 초고의 제목은 *Elinor and Marianne*이었다. 엘리너와 메리앤이라는 두 자매의 대조적인 기질을 비교하고 이들의 우애와 화해를 그린다. 'sense'를 '이성'으로 이해하기 쉬운데, 18세기적인 맥락에서 분별력 내지는 판단력에 가까운 개념이다.

2 단행본

『브리짓 존스의 일기』 헬렌 필딩, 임지현 옮김(문학사상사, 1999)

옥스퍼드 대학교 영문학도 출신의 저널리스트 헬렌 필딩이 신문에 기고한 칼럼을 모아 소설로 다시 썼다. 런던의 출판사에 근무하는 브리짓 존스의 좌충우돌 연애담이다. 속편인 『브리짓 존스의 애인』(2000)은 『브리짓 존스의 일기』만큼 참신하고 발랄하지는 않지만, 영국 사회의 계급, 빈부 격차, 인종 갈등 문제를 언급하면서 소설의 폭을 넓힌다.

『세월』 마이클 커닝햄, 정명진 옮김(생각의나무, 2003)
버지니아 울프, 로라 브라운, 클라리사 본이라는, 1920년대부터 2000년대에 걸친 세 여성의 삶의 연결 고리를 만들면서 사랑의 의미를 묻는 소설이다. 미국에서 퓰리처상을 받았고, 영국 출신의 스티븐 달드리 감독이 영화로 만들어 평단의 갈채를 받았다. 영어 제목은 *The Hours*이다.

『오만과 편견 그 후의 이야기』 린다 버돌, 박미영 옮김(루비박스, 2006)
작가가 1999년에 자비로 출판했다가 입소문을 타고 유명해져서 2004년에 정식으로 출판되어 인기를 끌었다. 다아시의 숨겨 둔 아들을 중요한 모티프로 활용하여 엘리자베스와 다아시의 불행한 결혼 생활을 다룬다. 자극적인 소재에 대한 논란이 있지만, 오스틴 현상의 한 경향을 대변하는 것은 분명하다.

『오만과 편견, 그리고 좀비』 세스 그레이엄스미스, 최인자 옮김(해냄, 2009)
최근에 나온 『오만과 편견』 다시 쓰기 기획 가운데 가장 엉뚱하고 신선하다. 오스틴을 공동 저자로 올릴 정도로, 원작 텍스트를 그대로 가져와 첨삭한 결과물이다. 엘리자베스와 다아시를 좀비의 공격으로 황폐화된 영국을 구하는 최고의 무사 커플로 그린다. 아예 처음부터 현대화하지 않고 여전히 19세기 배경을 고수하면서 그 위에 좀비 모티프를 얹어 놓았기 때문에, 그 부조화가 웃음을 유발한다.

『『오만과 편견』보다 사랑스런 제인 오스틴의 비망록』 시리 제임스, 이경아 옮김(좋은생각, 2011)
초턴의 한 저택 다락방에서 오스틴의 비망록이 발견된다는 설정에서 출발하여 소설적으로 재구성한 오스틴의 전기이다. 널리 알려진 사실들이 대부분 반복되지만, 오스틴이 직접 쓴 비망록이라는 설정에 충실하게 감정 표현이 풍부하다.

『올 어바웃 제인 오스틴: 우리가 몰랐던 그녀의 이야기』 캐럴 애덤스, 더글러스 뷰캐넌, 켈리 게시, 함종선 옮김(미래의창, 2011)
아마존이나 위키피디아에 입력하면 수십 권을 검색할 수 있는 오스틴 소개서들 가운데 비교적 내용이 충실하다. 오스틴의 삶, 작품, 당대의 풍속과 역사적 사실을 골고루 소개한다.

『자기만의 방』 버지니아 울프, 이미애 옮김(민음사, 2006)
여성과 소설을 주제로 한 강연을 묶은 울프의 저서이다. 울프 특유의 길고 복잡한 문장과 특이한 비유가 많아서 읽기에 까다롭지만, 인내심을 가지고 따라가다 보면 글의 아름다움, 생각의 깊이, 그리고 따뜻한 유머를 느낄 수 있는 고전이다.

『제인 에어』 샬럿 브론테, 유종호 옮김(민음사, 2004)
1847년에 나온 소설로, 여주인공의 고아 시절부터 결혼에 이르기까지 그 과정을 기록한 파란만장한 자서전이다. 당시에는 가정 교사가 집주인과 결혼하는 이야기가 자극적이라는 비판을 받기도 했으나, 20세기 후반 페미니스트들이 여성 문학의 고전으로 재평가하면서 부동의 정전이 되었다.

『제인 오스틴 북클럽』 캐런 조이 파울러, 한은경 옮김(민음사, 2006)
SF 소설을 써 오던 무명작가가 2004년 발표해 《뉴욕 타임스》 베스트셀러에 올랐다. 캘리포니아를 배경으로 여섯 명의 인물들이 오스틴 소설을 읽으면서 각자의 상처를 치유하고 사랑의 가치를 재발견한다는 줄거리이다. 플롯은 전형적이지만 오스틴 소설에 관한 풍부한 식견이 녹아 있다.

『제인 오스틴: 세상 모든 사랑의 시작과 끝』 존 스펜스, 송정은 옮김(추수밭, 2007)

가장 최근에 나온 오스틴 평전으로, 꼼꼼하고 유려하며 독창적이다. 영어 제목은 *Becoming Jane Austen*으로 '제인 오스틴이 되기까지' 정도의 의미이다. 영화 마케팅에 영향을 받은 결과인지 번역본에 지나치게 낭만적인 제목을 붙였다.

3 영화 & 드라마

『맨스필드 파크』 퍼트리샤 로제마 감독, 1999

『맨스필드 파크』는 영국의 식민지 경영을 서사의 중요한 요소로 활용하고 있다. 에드워드 사이드가 『오리엔탈리즘』에서 이 소설을 언급할 정도이다. 이 영화는 제국주의 모티프를 영리하게 재해석한다.

『브리짓 존스의 일기』 샤론 매과이어 감독, 2001

헬렌 필딩의 동명 소설에서 나온 로맨틱 코미디이다. 2004년 속편인 『브리짓 존스의 일기: 열정과 애정』이 나왔다. 시리즈의 종결판인 『브리짓 존스의 아기』가 기획 중이라는 소식도 들린다.

『비커밍 제인』 줄리언 재럴드 감독, 2007

존 스펜스의 평전을 각색한 영화로, 2007년 가을에 국내에서 개봉했다. 오스틴과 르프로이의 로맨스에만 의존한 단조로운 각색이 아쉬움을 남긴다.

『설득』 에이드리언 셔골드 감독, 2007

최근 BBC에서 나온 오스틴 영화로, 마지막 소설 『설득』을 각색했다. 여주인공의 표정 변화, 몸의 움직임, 감정의 흐름을 생생하면서도 우아하게 재현했다.

「센스 앤 센서빌리티」 리안 감독, 1995

「와호장룡」,「브로크백 마운틴」,「색, 계」등의 영화로 세계적인 거장이 된 리안 감독의 초기작이다. 억압된 감정과 말할 수 없는 비밀이라는 주제에 천착해 온 리안 감독이 진즉에 오스틴의 소설에서 이 주제를 포착했다는 사실이 인상적이다.

「신부와 편견」 거린다 차다 감독, 2004

『오만과 편견』의 인도 뮤지컬 버전이다. 여주인공은 인도 중산층 농부의 딸, 다아시는 미국의 백만장자 호텔리어, 빙리는 영국 유학생, 위컴은 배낭여행족 보헤미안, 콜린스는 미국에 이민 간 회계사로 업데이트된다.

「엠마」 더글러스 맥그래스 감독, 1996

원작『에마』의 따뜻하고 평화로운 느낌을 잘 담아낸 반면 지나치게 예쁘게 만든 면도 있다. 원작이 가진 잠재적인 불협화음과 비결정성을 억압하면서 화사하고 밝게 해석하려는 경향을 보여 준다.

「오만과 편견」 로버트 Z. 레너드 감독, 1940

비교적 깔끔한 만듦새를 보여 주는 할리우드 흑백 영화의 고전이다. 소설가 올더스 헉슬리가 미국적인 분위기가 물씬 풍기는 방향으로 각색했다. 유명한 배우 로렌스 올리비에가 다아시를 연기한다.

「오만과 편견」 사이먼 랭턴 감독, 1995

오스틴 현상의 진원지가 된 BBC 6부작 미니시리즈이다. 각색을 맡은 앤드루 데이비스는 영문학 전공자로서 대학에서 영문학을 가르쳤고, 이 작품을 비롯해 많은 고전 소설을 각색했다. 영국에서 1995년 9월 말에 일주일 동안, 미국에서는 1996년 1월에 방영되어 폭발적인 인기를 끌면서 한동안 재방송되었다.

「오만과 편견」 　조 라이트 감독, 2005

BBC「오만과 편견」의 그림자에서 얼마나 벗어날지 관심을 모으며 만들어진 2005년 영국 영화이다. 오스틴 소설의 핵심 요소인 격식과 매너를 대폭 줄인 편안하고 시골스러운 분위기, 그리고 엘리자베스와 다아시의 감정 변화를 강조하는 세련된 장치와 소품을 동원해 전작과는 다른 차별화된 매력을 보여 준다.

「유브 갓 메일」 　노라 에프런 감독, 1998

『오만과 편견』을 사랑하는 서점 주인 여자와 마피아 영화「대부」시리즈를 사랑하는 사업가 남자 사이의 오해와 편견과 화해를 다루는 전형적인 미국 로맨틱 코미디 영화다.

「제인 오스틴 북클럽」 　로빈 스위코드 감독, 2007

산만한 구조 탓인지 동명 소설이 거둔 인기를 얻지 못했지만 오스틴 팬이라면 놓칠 수 없는 영화다. 누가, 왜, 어떻게 오스틴 소설을 읽는가라는 질문에 대한 대답을 풍부하게 제시한다.

「클루리스」 　에이미 헤커링 감독, 1995

소설『에마』의 배경을 캘리포니아 비벌리힐스의 부촌으로 옮겨 놓은 영화다. 영리한 여주인공 에마가 '아무 생각 없는'(영화 제목 clueless의 의미이다.) 부잣집 딸로 다시 태어났다. 얼핏 보면 할리우드 영화 문법에 충실한 미국산 코미디인데, 원작과 영화를 비교하면서 보면 '아무 생각 없는' 영화가 아니다.

4 인터넷 자료

북미 제인 오스틴 학회(JASNA: The Jane Austen Society of North America)

http://www.jasna.org

1979년에 뉴욕에서 창립된 학회로서, 기본적인 학술 활동뿐만 아니라 미국에서 오스틴 현상이 꾸준히 이어질 수 있도록 다양한 문화 행사를 통해 오스틴 팬 문화의 저변을 넓혀 왔다.

영국 제인 오스틴 학회(Jane Austen Society of the United Kingdom)
http://www.janeaustensoci.freeuk.com
1940년에 창립되어 제인 오스틴 기념 사업회와 함께 1947년에 초턴의 제인 오스틴 박물관을 여는 일에 주도적으로 참여했던 대표적인 학술 단체이다.

제인 오스틴 박물관(Jane Austen's House Museum)
http://www.jane-austens-house-museum.org.uk
오스틴이 살았던 초턴의 2층 시골집이다. 제인 오스틴 기념 사업회에서 1947년부터 집을 사들여 박물관으로 운영해 오고 있다. 오스틴의 책상을 비롯한 소장품들이 잘 보존되어 있다. 교통이 불편한 시골 마을이지만 관광객이 끊이지 않는데, 홈페이지에서 가상으로 실내를 둘러볼 수 있다.

제인 오스틴 센터(The Jane Austen Center in Bath)
http://www.janeausten.co.uk
오스틴이 초턴에 정착하기 전에 살았던 도시 바스에 있는 작은 기념관이다. 오스틴이 실제 살았던 집도 아니고 소장품도 많지 않지만, 바스라는 도시가 관광지로 유명하고 오스틴 소설에 이 도시가 자주 등장하기 때문에 오스틴 팬이라면 꼭 '순례'해야 하는 곳이다.

초턴 도서관(Chawton House Library: Home to Early English Women's Writing)
http://www.chawton.org
초턴에 남아 있던 오스틴 친척의 대저택을 미국인이 사들여서 2003년부터 학술 정보관으로 운영하고 있다. 오스틴 가문이 소장했던 장서뿐 아니라 17~18세기 여성 작가들의 원고를 보유하고 있어서 영국 여성 작가 연구의 요람으로 성장하고 있다. 홈페이지에서 여성 작가에 대한 정보를 제공하고 학술 행사를 안내한다.

펨벌리 공화국(The Republic of Pemberley)
http://www.pemberley.com
1996년 BBC 드라마 「오만과 편견」이 방영된 직후 미국 팬들이 소감을 올리면서 생긴 일종의 비공식 시청자 게시판이 그 시작이었다. 다아시의 저택 이름을 따서 '펨벌리 공화국'이라는 홈페이지 이름을 등록한 이래로 '오스틴 중독자들의 천국'을 자처하면서 충실하고 방대한 정보를 공유하는 최고의 오스틴 팬 사이트로 명성을 이어 오고 있다.

5 필자의 학술 논문

부분적으로 이 책의 내용이 처음 발표되었던 학술 논문 세 편을 소개한다. 예전에 썼던 표현을 이 책에 그대로 가져오지는 않았지만 기본적인 입장과 주장에는 큰 변화가 없다.

「결혼 플롯과 그 불만: 제인 오스틴의 「오만과 편견」에 나타난 여성의 욕망」, 《영미문학연구 6호》(2004), 113~137쪽, 영미문학연구회
『브리짓 존스의 일기』를 『오만과 편견』의 현대적 진화로 보고, 이 두 소설의 로맨스 서사가 가진 매력을 여성의 소망 충족 판타지라는 맥락에서 분석한다. 소망 충족 판타지가 여성을 유치하고 의존적으로 만드는 퇴행이라는 일반적인 비판에 반대하면서, 어떤 소망이 어떻게 충족되기를 바라는지 그 욕망을 자세히 살펴볼 필요가 있음을 주장한다.

「오스틴 현상」, 《안과밖 21호》(2006), 249~279쪽, 영미문학연구회
오스틴 현상을 전반적으로 소개하면서, 세 편의 영화 「오만과 편견」을 구체적으로 비교 분석하는 논문이다. 오스틴 현상이 가진 소통성과 개방성을 옹호하는 입장을 취하며, 오스틴 현상을 부박

한 유행으로 치부하는 대신 원작 소설과의 관계를 중심으로 '해석' 하는 일이 중요하다고 주장한다.

「제인 오스틴의 삶과 문학」, 『열정으로 산 사람들 IV』(2006), 25~52쪽, 서울여자대학교출판부

오스틴의 삶과 문학 세계를 연대기적으로 소개하는 논문이다. 여섯 작품을 관통하는 주제로 여성 주체의 독립과 성장을 내세우고, 이런 여주인공을 창조하는 일이 오스틴에게 윤리적인 선택이자 실천이었음을 밝힌다.

용어 사전

고딕 로맨스(Gothic Romance)

원래 '고딕'이라는 단어는 '고스(Goth)' 종족을 가리키지만, 문학과 건축과 예술 분야에서 그보다 훨씬 넓은 의미로 쓰인다. 고딕 로맨스는 18세기 초기 소설과 19세기 가정 소설 사이에 유행했던 장르로서, 근대 소설의 리얼리즘 경향을 거슬러 초현실주의적인 요소를 담고 있는 일군의 소설을 통칭할 때 쓰인다. 1764년 호러스 월폴이 쓴 『오트란토 성』이 그 원조로 꼽히며, 1794년 앤 래드클리프의 『유돌포의 비밀』이 대중적인 인기의 정점을 이룬다.

들라리비에르 맨리(Delarivier Manley)

해군 장교의 딸로 태어나 일찍이 세계 여행을 다녔고 궁정의 정치인들과 교류할 기회가 많았다. 덕분에 풍자문과 정치 팸플릿을 쓰면서 데뷔했다. 중혼을 포함한 여러 번의 결혼, 솔직하고 분방한 애정 묘사, 심지어 '여성답지' 못한 외모까지 남성 문인들의 비판의 빌미가 되었다.

머라이어 에지워스(Maria Edgeworth)

아일랜드 더블린에 정착해 사회 개혁을 시도했던 아버지의 영향으로 평생 교육에 관한 글을 썼다. 특히 로크와 루소의 사상을 받아들여 어린이와 여성의 교육을 주제로 계몽주의적 이야기에 집중했으며, 초기 페미니스트적 남녀평등 사상을 피력하기도 했다. 1801년에 나온 소설 『벨린다』는 여주인공의 성장을 다룬 대표작이다.

메리 울스턴크래프트(Mary Wollstonecraft)

프랑스 혁명의 이념에 열광하여 여성 인권에 관한 기념비적인 저작 『여성 권리 선언』을 발표한 사상가이자 소설가다. 개혁 철학자 윌리엄 고드윈과 결혼하여 낳은 딸 메리는 후에 『프랑켄슈타인』을 쓴 소설가가 된다. 서른여덟 살에 둘째 딸을 낳은 후 얼마 지나지 않아 세상을 떠났다. 남편이 펴낸 회고록에서 밝혀진 급진적인 면모가 오랜 세월 낙인으로 남아 있었다.

샬럿 브론테(Charlotte Brontë)

1847년 당대 여성 교육의 열악한 현실과 지배 계층의 위선을 비판하는 『제인 에어』를 발표한 소설가다. '커 벨'이라는 중성적 필명을 썼으나, 여동생 에밀리 브론테의 죽음을 계기로 신분을 밝혔다.

성장 소설(bildungsroman)

독일어로 형성과 성장을 뜻하는 'bildung'과 소설을 뜻하는 'roman'의 합성어로, 성장 소설, 교양 소설, 입문 소설, 편력 소설 등으로 이해된다. 19세기 후반에 문학 비평가들 사이에 널리 쓰였지만, 정작 그 원형은 18세기 후반에 나온 괴테의 『빌헬름 마이스터의 수업 시대』가 꼽힌다.

순회도서관

18세기 후반 영국에서 마을마다 생겨났던 도서관으로, 당대 독서 문화의 일면을 엿볼 수 있다. 용도가 점점 확대되어 신간 대출뿐 아니라 가벼운 쇼핑도 할 수 있는 복합 사교 공간이 되었다. 『오만과 편견』에서 콜린스가 순회도서관에서 빌린 책을 무시하는 장면, 위컴이 클락 순회도서관에서 시간을 보낸다는 구절이 나온다.

싱글턴(singleton)

『브리짓 존스의 일기』에 나오는 단어로 미혼이란 뜻의 '싱글'을 변형하여 자발적인 독신자라는 의미로 쓴다. 당당함과 자존감이 느껴지는 단어다.

애프라 벤(Aphra Behn)

울프가 『자기만의 방』에서 그 무덤에 꽃을 바치고 싶은 선배 작가로 꼽았던, 영국 최초의 여성 전업 작가다. 남아메리카를 여행하고, 정치적 혼란기에 복고된 왕을 지지하고, 그를 위해 네덜란드에 밀사로 파견되는 등 흥미로운 이력을 가졌고 그 경험을 녹여 내어 많은 작품을 남겼다.

앤 래드클리프(Ann Radcliffe)

어린 시절의 교육과 결혼 생활에 대해 알려진 것이 거의 없다. 1789년에 데뷔해서 팔 년 동안 다섯 권의 고딕 로맨스 소설을 잇달아 발표했는데, 1794년에 나온 네 번째 작품인 『유돌포의 비밀』의 대성공으로 확고한 명성을 다졌다. 이국적인 풍광과 고성을 배경으로 비밀을 캐는 여주인공의 쫓고 쫓기는 모험담과 사랑 이야기이다. 오스틴의 초기작 『노생거 수도원』에서 여주인공이 심취한 고딕 소설이 바로 『유돌포의 비밀』이다.

에밀리 브론테(Emily Brontë)

『폭풍의 언덕』으로 번역된 소설 Wuthering Heights의 작가로, 샬럿 브론테의 여동생이다. 삼대에 걸친 워더링 하이츠 저택의 몰락과 갱생의 역사를 그린 소설 한 권을 남기고 서른 살에 요절했다.

월터 스콧(Walter Scott)

스코틀랜드 출신의 소설가로 그 지역의 지리와 풍경을 소재로 한 역사 소설을 써서 전 유럽에서 큰 인기를 얻었다. 『아이반호』와 『웨이벌리』가 대표작이다.

웨비소드(webisode)

1996년에 나온 신조어로 인터넷 창을 뜻하는 web과 episode의 합성어이다. 방송이나 영화가 아니라 인터넷으로 공개하는 짧은 이야기를 말한다. 누구나 만들어서 올릴 수 있지만, 기존 매체에서 작품을 홍보 수단으로 이용하기도 하므로 아마추어의 영역이라고 볼 수만은 없다.

일라이자 헤이우드(Eliza Haywood)

애프라 벤, 들라리비에르 맨리와 함께 18세기 3대 여성 작가로 꼽힌다. 소설, 희곡, 품행서, 잡지, 선전문 등 70여 권이 넘는 책을 썼는데, 이런 놀랄 만한 다작이 그녀의 작품이 저평가된 이유이기도 하다. 1719년에 쓴 데뷔작 『넘치는 사랑』은 과감한 쾌락을 추구하는 여성을 주인공으로 내세웠다.

장자크 루소(Jean-Jacques Rousseau)

18세기 프랑스의 교육 철학자, 사상가, 소설가로, 여러 권의 저서를 남겼다. 『에밀』에서 자연과 문명, 분별과 감성, 욕망과 교육 등 당대 계몽주의와 낭만주의를 관통하는 주제를 성찰한다.

젠트리(gentry)

'젠틀맨'을 떠올리게 하는 단어로서, 물려받은 토지나 확보한 현금이 넉넉해서 일하지 않아도 되는 사람들, 무역이나 사무직에 종사하는 부르주아, 그리고 성직자와 군인을 통칭하는 '신사 계층'을 의미한다. 오스틴 소설에서 가장 흔하게 출연하는 계층이다.

조지 엘리엇(George Eliot)

농업 기술자의 딸로 태어나 독학으로 철학과 신학을 공부해 번역서를 냈고, 잡지 편집과 사회 평론 활동을 거쳐 소설가로 등단한 화려한 지적 이력의 소유자이다. 본명은 메리 앤 에번스이다. 유부남과의 스캔들과 자유연애 사상 때문에 대중으로부터 유리되는 삶을 살았다. 『플로스 강의 물방앗간』과 『미들마치』가 대표작이다.

조지트 헤이어(Georgette Heyer)

1920~1930년대에 걸쳐 오스틴의 시대인 1810년대를 배경으로 한 역사 로맨스를 발표하면서 오스틴을 대중문화의 장으로 끌어들인 영국 소설가. 그녀가 확립한 몇몇 서사 규칙들이 1960년대 할

리퀸 로맨스로 이월되면서 현재 대중문화에서 통용되는 의미의 로맨스가 탄생했다.

죄르지 루카치(György Lukács)
헝가리 출신의 마르크스주의 문예 이론가로, 유럽 문학과 사회주의 리얼리즘에 관한 통찰로 많은 저서를 남겼다. 『소설의 이론』(1916)에서 소설을 길 잃은 근대인의 자아 찾기 여정으로 공식화했다.

줄리아 크리스테바(Julia Kristeva)
불가리아에서 태어나 프랑스에서 공부한 철학자, 기호학자, 문학 비평가로서, 다양한 영역을 넘나들면서 글을 써 오고 있다. '코라(Chora)'라든가 '애브젝트(abject)' 같은 개념을 통해 모성의 육체를 부각함으로써 페미니즘 담론에 기여했다.

칙릿(chick lit)
젊은 여성을 뜻하는 'chick'과 문학의 줄임말인 'lit'의 합성어로, 넓게는 젊은 여성들이, 좁게는 도시 직장 여성들이 읽는 문학이라는 의미이다. 1990년대 초반에 통용될 때는 비하와 비웃음의 뉘앙스가 있었지만, 소설 『브리짓 존스의 일기』와 드라마 「섹스 앤 더 시티」가 선풍적인 인기를 끌면서 여성 문학의 일부로 자리 잡았다.

퀴어(queer)
이 단어는 "낯설고 특이하다."라는 본래 뜻과 함께 다소 막연하게 동성애를 의미하는 것으로 쓰여 왔다. 1990년 미국의 페미니스트-레즈비언 이론가 테레사 드 로레티스가 학술 대회에서 '퀴어 이론'을 공식화하면서 널리 쓰이게 되었다. 게이와 레즈비언을 포함하여 전통적인 젠더 규범에서 벗어난 비정상적이고 주변적인 섹슈얼리티를 포괄하는 개념이다.

페미니스트 문학 비평(feminist literary criticism)

1970년대 후반부터 여성 영문학자들이 기존의 남성 중심적인 문학 비평에 문제를 제기하면서 여성 작가에 주목할 것을 주장했다. 여성 작가를 (재)발견하고, '여성적인 것'을 정의하고, 여성 문학의 미학적 기술과 정치적 전략을 밝혀내고자 했다. 최근에 '여성'의 범주를 유연하게 확장하고 다양한 섹슈얼리티 담론을 수용하는 방식으로 진화하고 있다.

포스트페미니즘(postfeminism)

'이후'를 뜻하는 '포스트'가 붙어서 페미니즘의 시대가 지났다는 함의를 지닌다. 하지만 '포스트'가 붙은 개념이 종종 그렇듯이, 페미니즘에 대한 모순되는 입장들이 담겨 있다. 페미니즘이 내세운 가치가 실현되어서 더 이상 페미니즘이 필요하지 않다, 페미니즘의 대의에 공감하지만 페미니스트로 불리기를 원하지 않는다, 페미니즘은 낡고 보수적이어서 그 한계가 분명하다 등의 의미가 복합적으로 얽힌 채 사용되고 있다.

풍속 소설(novel of manners)

18세기 유럽에서 유행했던 소설 형식으로, 중상류 계층 특유의 예법과 관습을 재현함으로써 부르주아 일상의 풍속도를 그려 낸다. 풍속 소설은 계급 문화와 관련이 많기 때문에, 계급 구조가 불안정하고 유동적일 때 풍부한 서사가 될 수 있다.

프랜시스 버니(Frances Burney)

중산층 문인의 딸로 태어나 어린 시절부터 읽기와 쓰기 교육을 받았다. 스물여섯 살에 익명으로 발표한 서간체 소설 『이블라이나』로 데뷔했다. 열일곱 살 소녀가 집을 떠나 부모와 남편을 찾는 과정에서 겪는 모험을 위트 넘치는 문체로 써서 크게 성공했다.

출간사

급격하게 변화하고 있는 21세기를 맞아 창의적인 인문학 연구를 고취하고, 인문학의 연구 성과를 대중과 소통하여 그 내실을 다지며, 사회와 현실에 대한 보다 깊이 있는 시선을 확보하는 일은 무엇보다 중요하다. 옛것을 거울삼아 새로운 것을 창조해 내는 이른바 법고창신(法古創新)의 정신을 되살리고, 변화하는 사회에 능동적으로 대처하기 위해서는 무엇보다도 인문학이 가져다줄 수 있는 심화된 교양과 고전에 대한 깊이 있는 이해가 필요하다. 인문학의 위기를 걱정하고 그 미래를 고민하며 시대를 헤쳐 나갈 인문학의 지혜에 목말라하는 사람들은 많아졌지만, 정작 '대중 인문학'이라고 부를 수 있는 저술들은 턱없이 부족하다.

서울대 인문 강의 총서는 창의적 학술성을 지닌 인문학적 지식이 가독성과 깊이를 겸비한 저술을 통해 학계 및 사회와 소통할 수 있는 계기를 만들고자 한다. 이를 위해 대중과 호흡할 수 있는 창의적인 인문학 주제들을 발굴해 내고, 인문학 스스로 대중 및 사회와의 접점을 능동적으로 찾아 나가는 길을 모색하고자 한다.

서울대 인문 강의 총서는 "대중과 함께하는 인문학의 향연"이라는 취지에서 2010년 시작된 '서울대학교 인문 강좌'의 성과를 저술로 묶어 낸 것이다. 서울대 인문 강의 총서는 교양서와 학술서라는 진부한 이분법에서 벗어나 품격 있는 고급 교양서를 지향한다. 이를 위해 서울대학교 인문대학의 소장 교수들이 동양과 서양, 고대와 현대, 문사철(文史哲)의 경계를 넘나들며 최고의 인문학적 지식과 상상력을 펼쳐 보이고자 한다.

서울대 인문 강의 위원회

서울대
인문 강의
02

제인 오스틴의
여성적 글쓰기

1판 1쇄 찍음 2012년 8월 20일
1판 1쇄 펴냄 2012년 8월 31일

지은이 조선정
발행인 박근섭, 박상준
편집인 장은수
펴낸곳 (주)민음사

출판등록 1966. 5. 19. (제16-490호)
서울 강남구 신사동 506
강남출판문화센터 5층 (135-887)
대표전화 515-2000
팩시밀리 515-2007
www.minumsa.com

ⓒ 조선정, 2012. Printed in Seoul, Korea
ISBN 978-89-374-8496-4 04840
ISBN 978-89-374-8492-6 (세트)